宅建 みやざき塾の

動画→図表→出る問でマスター

宮嵜晋矢 著
Shinya Miyazaki

中央経済社

はじめに

宅建士は年々難しい試験になっています。2022年の試験は合格点は36点。基本的問題や標準的難度で正答率の高い問題の取りこぼしが許されず，初見の少し難しめの問題もある程度正解しないと合格できない構成でした。

「過去問を何回転もやったのに，本試験では太刀打ちできなかった」「毎年ボーダー付近で涙を呑む」という声を聞きます。それは，なぜでしょうか。

過去問はこれ以上ない教材です。ただ，**そのまま同じ問題が出るような試験ではもはやない**ので，過去問を周回して覚えても，太刀打ちできないのです。

過去問の暗記で到達できるのは大体30点程度。そこから１点１点プラスして，35点の壁を超えるのは大変です。

そこで，本書では，難化傾向にある宅建試験で**狙われそうな予想論点や他資格試験問題**をピックアップしました。

宅建みやざき塾の超特急合格講座等**インプット教材や過去問演習にプラス**して，スキマ時間にやってみていただければと思います。

YouTube動画で３分，サクッとおさらいで３分，サクッと○×チェックで３分。ぜひ，スキマ時間をフル活用して，35点の壁を超え，高得点合格していただければと思います。絶対合格！

2023年６月

宮嵜　晋矢

本書の使い方

☑ 3ステップで無理なく実力アップ！

ステップ1 まずは3分動画を見る（ページ上にある二次元コードからリンクできます）

ステップ2 「サクッとおさらい！」で動画の復習をする（目標3分）

> **サクッとおさらい！**
>
> ▶ **制限行為能力者の法律行為と催告（ちょっとムズい！だけどヤマ!!）**
>
> 制限行為能力者と取引をすると，その取引をした人は，不安定な立場となります。そこで，制限行為能力者またはその保護者（具体的には次の表の通り）に対して，催告をすることができます。催告に対し，勧告を受けた相手方が確答をしなかった場合，以下のよう

ステップ3 「サクッと○×チェック！」でアウトプットする（目標3分）

> **サクッと○×チェック！**
>
> **1** 被保佐人Aが保佐人の同意又はこれに代わる家庭裁判所の許可を得ずにBに対してA所有の甲土地を売り渡した。Aが行為能力者となった後に，BがAに対し当該売買契約を追認するかどうか確答することを1か月の期間を定めて催告した場合において，Aがその期間内に確答を発しないときは，当該売買契約を追認したものとみなされる。
>
> 司法試験 平成29年（問2）

今後の宅建試験で狙われそうな他資格試験問題も掲載！

楽しく勉強を続ける工夫が沢山！

独学で困るのは，モチベーションが続かないことです。挫折しないために必要なのは学習の記録をつけること。各単元に学習日を記録する欄があります。

学習日	／	／	／	／

また，各CHAPTERに学習管理表がありますので，学習予定を立てましょう。終わったら，マーカーで塗りつぶしていくと達成感を得られます。

学習管理表				
	1回目	2回目	3回目	4回目
01	8／10	8／11	8／18	9／18
02	8／11	8／12	8／19	9／19
03	8／12	8／13	8／20	9／20

例 1日後，1週間後，1カ月後に復習

また，1人で勉強していると，「この勉強方法でいいのかな」と不安が押し寄せてきます。

そこで，「アドバイス」で勉強方法等について，「ワンポイント」で宅建みやざき塾が教える問題の解き方について解説しています。ぜひ参考にしていただけますと幸いです。

読者特典

「サクッと3分トレ！」購入の皆さまに読者特典があります。

読者特典は随時アップデートされますので，ぜひストアーズ宅建みやざき塾にアクセスしてください！

※2023年試験後にご購入された方のために，97ページの盛土法に関する情報も掲載予定です（2024年2月頃）！

※読者特典は宅建みやざき塾が提供するもので，中央経済社とは関係がございません。

＜追記情報について＞

本書の内容に関し，改正・正誤等追記情報がある場合は，中央経済社が運営する中央経済社ビジネスOnline（https://www.biz-book.jp）の書籍ページに掲載します（https://www.biz-book.jp/isbn/978-4-502-46471-3）。

正誤に関するお問い合わせはメール（info@chuokeizai.co.jp）でお願いします。電話でのお問い合わせはお受けできません。また，回答まで時間を要する場合がございますのでご了承ください。

目次

CHAPTER 1 権利関係

CHAPTER 2 法令上の制限

CHAPTER 3 税・価格評定

CHAPTER 4 宅建業法

CHAPTER 5 5問免除

CHAPTER 1

権利関係

学習予定日を書いて，
終わったらマーカーで
塗りつぶそう！

学習管理表				
	1回目	2回目	3回目	4回目
01	/	/	/	/
02	/	/	/	/
03	/	/	/	/
04	/	/	/	/
05	/	/	/	/
06	/	/	/	/
07	/	/	/	/
08	/	/	/	/
09	/	/	/	/
10	/	/	/	/
11	/	/	/	/
12	/	/	/	/
13	/	/	/	/
14	/	/	/	/
15	/	/	/	/
16	/	/	/	/
17	/	/	/	/
18	/	/	/	/
19	/	/	/	/
20	/	/	/	/

制限行為能力(民法)

★★★★★

学習日 ／ ／ ／ ／

https://youtu.be/whYwJUB_Clk

制限行為能力の問題は，法定代理人，被補助人，詐術といった（法律）用語の意味を理解することがとても重要です。学習を進めるにあたって，よくわからないまま覚えることのないようにしましょう！

サクッとおさらい！

▶ 制限行為能力者の法律行為と催告（ちょっとムズい！　だけどヤマ!!）

制限行為能力者と取引をすると，その取引をした人は，不安定な立場となります。そこで，制限行為能力者またはその保護者（具体的には次の表の通り）に対して，催告をすることができます。催告に対し，催告を受けた相手方が確答をしなかった場合，以下のようにみなされます。**追認できる者が確答しないときは，追認したものとみなされる**，と考えましょう。

制限行為能力者	催告の相手方	確答しなかった場合
未成年者	法定代理人	追　認　単独で追認できる行為 ⇒その行為を追認したものとみなす。 取消し　後見監督人の同意を要する行為 ⇒その行為を取り消したものとみなす。
成年被後見人	法定代理人	追　認　単独で追認できる行為 ⇒その行為を追認したものとみなす。 取消し　後見監督人の同意を要する行為 ⇒その行為を取り消したものとみなす。
被保佐人	本人	取消し　保佐人の同意を要する行為 ⇒その行為を取り消したものとみなす。
	保佐人	追　認　単独で追認できる行為 ⇒その行為を追認したものとみなす。
被補助人	本人	取消し　補助人の同意を要する行為 ⇒その行為を取り消したものとみなす。
	補助人	追　認　単独で追認できる行為 ⇒その行為を追認したものとみなす。

▶ 行為能力者となった後（これもちょっとムズい!! だけどヤマ!!）

制限行為能力者が行為能力者（追認できる者）になれば，本人に催告できます。本人が確答しなかった場合，その行為は追認したものとみなされます。

サクッと〇×チェック！

1 被保佐人Aが保佐人の同意又はこれに代わる家庭裁判所の許可を得ずにBに対してA所有の甲土地を売り渡した。Aが行為能力者となった後に，BがAに対し当該売買契約を追認するかどうか確答することを1カ月の期間を定めて催告した場合において，Aがその期間内に確答を発しないときは，当該売買契約を追認したものとみなされる。

司法試験 平成29年（問2）

2 被補助人が，補助人の同意を得なければならない行為について，同意を得ていないにもかかわらず，詐術を用いて相手方に補助人の同意を得たと信じさせていたときは，被補助人は当該行為を取り消すことができない。 平成28年 問2

解答

1 ○ 制限行為能力者（未成年者，成年被後見人，被保佐人，被補助人）の相手方が，その制限行為能力者が行為能力者となった後，その者に対して，1カ月以上の期間を定めて，追認するかどうか確答することを催告した場合において，その者がその期間内に確答を発しないときは，その行為は追認したものとみなされます。

2 ○ 制限行為能力者が行為能力者であることを信じさせるために**詐術**を用いたときは，その行為を取り消すことができません。

詐術を用いた者（悪いことをした者）を法で守る必要はないからです。

☞ 悪いヤツが負ける！ 悪いヤツの権利主張は認められない！
詐術≒ウソを用いた者を法で保護する必要があるかどうか，考えてみましょう！

権利関係の分野では，14問が出題されます。内訳は①民法10問，②借地借家法2問，③建物区分所有法1問，④不動産登記法1問です。
登場人物が複数出てくる複雑な事例問題が出題されることもあり，図を描いて問題に取り組む必要があります。
どのような状況か，丁寧に把握して，どのようにトラブルを解決すればよいか考え方を学ぶようにしましょう。
この分野は難易度の高い問題も出題されやすく，上手に学習しないとかけた時間の割に点数に結びつかない傾向があります。細かい部分まであまり深入りしないことが合格への近道です。

意思表示(民法)

https://youtu.be/sNhV4SH9u40

★★★★★

学習日 ／ ／ ／ ／

登場人物が多い問題は，必ず登場人物の関係，起こった出来事の順番などを意識して図を描きながら解くようにしましょう！

サクッとおさらい！

▶ 意思表示における取消しによる無効と第三者との関係

強迫，詐欺・錯誤，虚偽表示・心裡留保における取消し・無効と，第三者との関係を整理しておきましょう。下記のような売主Aと買主Bの間に第三者Cが現れたケースを考えます。

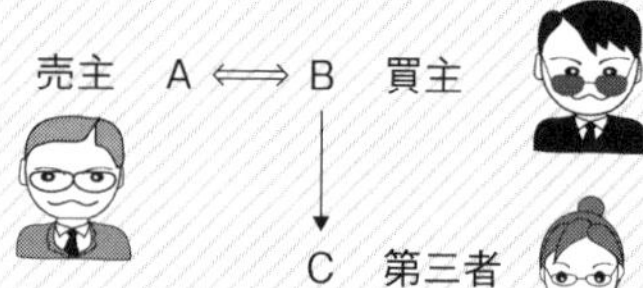

①売主AがBに強迫されて売却したケース
②Bの詐欺あるいはAの錯誤で売却したケース
③売主Aが虚偽表示をしていた，AB間に心裡留保があったケース

○：(取消し・無効を第三者に) 対抗できる　×：対抗できない

	①強迫	②詐欺・錯誤	③虚偽表示・心裡留保
第三者Cが悪意	○※1	○	○
第三者Cが善意・過失あり	○※1	○※2	×※4
第三者Cが善意・過失なし	○※1	×※3	×※4

※1　強迫の被害者Aは，強迫による取消しを，第三者Cに対抗することができる。
※2　詐欺・錯誤による意思表示をしたAは，善意ではあるが過失がある第三者Cに対して，取消しを対抗することができる。
※3　詐欺・錯誤による意思表示の取消しは，善意で過失がない第三者に対抗することができない。
※4　Aは，心理留保・虚偽表示の無効を善意の第三者であるCに対して，対抗することができない。

サクッと〇×チェック！

1 心裡留保を理由とする意思表示の無効は，過失のある善意の第三者に対抗することができない。 オリジナル

2 Aが第三者の詐欺によってBに甲土地を売却し，その後BがDに甲土地を転売した場合，Bが第三者の詐欺の事実を知らず，かつ，知ることができなかったとしても，Dが第三者の詐欺の事実を知っていれば，Aは詐欺を理由にAB間の売買契約を取り消すことができる。 平成30年 問1

解答

1 ○ 心裡留保を理由とする意思表示の無効は，心裡留保者は不実（インチキ，嘘）の外観を意識的に作った点で帰責性が大きいため，過失があったとしても善意の第三者に対抗することができません。

2 × **AがAB間の売買契約を取り消すことができるかどうか**が問われています。

相手方に対する意思表示について第三者が詐欺を行った場合においては，相手方がその事実を知り（悪意），又は知ることができた（善意有過失）ときに限り，その意思表示を取り消すことができます。

相手方Bが第三者の詐欺の事実を知らず（善意），かつ，知ることができない（無過失）ので，Aは，AB間の売買契約を取り消すことができません。

この点は，Dが悪意であっても同様です。引っかからないようにしましょう！

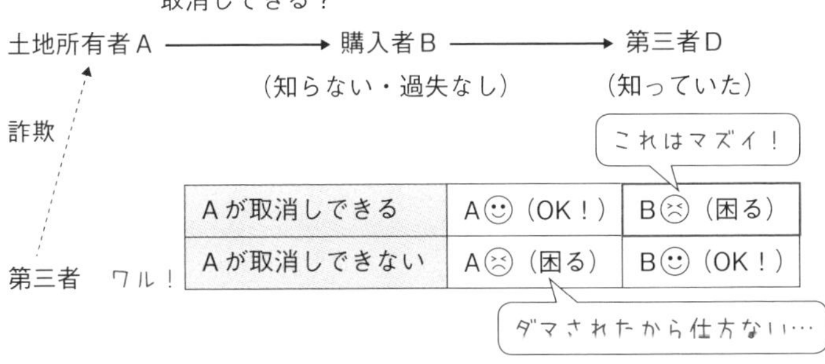

誰だってずっと机の前に座って勉強するのは大変です。仕事で疲れている社会人なら尚更のことでしょう。できるだけ眠くならないように，歩いたり立ってみたり，大勢を変えつつ勉強するのがおススメです。音読は，眠くなりにくいうえに，目と耳を使って勉強できるので一挙両得です。でも，あんまりつかれている時はしっかり寝てリフレッシュしましょうね！

代理（民法）

★★★★★

みやざき塾
サクッと3分トレ!

学習日 ／ ／ ／ ／

https://youtu.be/RG_4F5biNF4
https://youtu.be/uYpVJFOmJ3Q

代理の問題では，本人，代理人，相手方等多数の人物が登場します。どのような場面で，誰が困っているのか？　どんなことに困っているのか？　悪いヤツは誰か？　どのようにすれば問題を円満に解決できるか？　考えながら問題を解くようにしましょう！

サクッとおさらい！

▶ 任意代理と代理権の消滅

任意代理の場合，本人の後見開始では，代理権は消滅しません。

○：消滅しない場合　×：消滅する場合

	死亡	破産	後見開始
本人	×	×	○
代理人	×	×	×

☆ＧＯＲＯで覚えよう♪☆
任意　死　破　後見
ほ　し　は　きえ
だ　し　は　あと

※左の×部分の頭文字をつなげたゴロです

ワンポイント 問題文の読み取り

ＡがＢに代理権を授与した後にＢが後見開始の審判を受け，その後に売買契約（本件契約）が締結された場合，Ｂによる本件契約の締結は無権代理行為となります。時間の流れに沿って，どのように状況が変化していくか，丁寧に読み取りましょう！

ＡがＢに代理権を授与した
↓ 後に
Ｂが後見開始の審判を受け，【このときに，Ｂの代理権限が消える！】
↓ その後に（Ｂの代理権限が消えた後に）
本件契約が締結された場合，【代理権がないＢが代理を行うと…】
↓
Ｂによる本件契約の締結は無権代理行為となる。

▶ 無権代理において表見代理が成立する場合とは？

「**表見代理**」というのは，たとえ無権代理行為であっても，**代理権があるような外観**があり，①その外観が存在することについて**本人に一定の責任**があり，かつ，②代理権があると誤信することについて**相手方に正当な理由があるとき（善意・無過失）**は，代理権があるのと同じように，本人に効果を帰属させるという制度です。

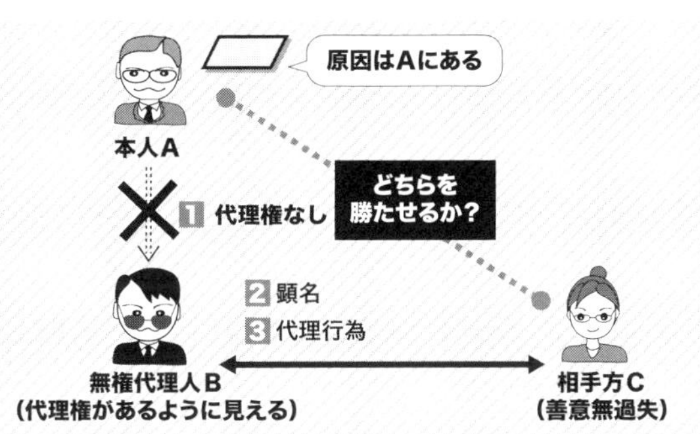

サクッと〇×チェック！

1 Aが，所有する甲土地の売却に関する代理権をBに授与し，BがCとの間で，Aを売主，Cを買主とする甲土地の売買契約（「本件契約」）を締結した場合に関して，Bが売買代金を着服する意図で本件契約を締結し，Cが本件契約の締結時点でこのことを知っていた場合であっても，本件契約の効果はAに帰属する。 平成30年 問2

2 Aが，所有する甲土地の売却に関する代理権をBに授与し，BがCとの間で，Aを売主，Cを買主とする甲土地の売買契約（「本件契約」）を締結した場合に関して，AがBに代理権を授与した後にBが後見開始の審判を受け，その後に本件契約が締結された場合，Bによる本件契約の締結は無権代理行為となる。 平成30年 問2

3 AがBから何ら代理権を与えられていないにもかかわらずBの代理人と詐称してCとの間で法律行為をし，CがAにBの代理権があると信じた場合であっても，原則としてその法律行為の効果はBに帰属しない。 令和3年（12月） 問5

4 BがAに与えた代理権が消滅した後にAが行った代理権の範囲内の行為について，相手方Cが過失によって代理権消滅の事実を知らなかった場合でも，Bはその責任を負わなければならない。 令和3年（12月） 問5

解答

1 ×　代理人が自己（又は第三者）の利益を図る目的で代理権の範囲内の行為をした場合において，相手方がその目的を知り（悪意），又は知ることができた（善意有過失）ときは，その行為は，代理権を有しない者（無権代理人）がした行為とみなします（代理権の濫用）。

本人の犠牲のもとに悪意や過失のある相手方を保護すべき場面ではないからです。

相手方Ｃは，代理人Ｂが売買代金を着服する意図で本件契約を締結したことを知っています（悪意）ので，Ｂの行為は，代理権を有しない者がした行為（無権代理行為）とみなされます。

したがって，本件契約の効果はＡに帰属しません。

☞ どのような場面かを理解することができるかどうか，が勝負です。代理人は代金を着服する意図であり，相手方はそれを知っている状況です。契約が有効になると，本人が困ることになります。はたしてそれで良いのでしょうか？

2 ○　任意代理における代理権の消滅について押さえましょう。

☞ どのような状況か，問題を読み取ることができるかどうかが重要です。

3 ○　「Ｂから何ら代理権を与えられていないにもかかわらずＢの代理人と詐称」しているＡが何を行っても，それだけではＢに帰責性はありません。「ＣがＡにＢの代理権があると信じた」としても，本人Ｂに帰責性がないので，表見代理は成立しません（無権代理のままです）。**表見代理の成立要件の①本人の帰責事由＋②相手方の正当な信頼**のうち，**①本人の帰責事由なし**，②あり，のケースです。

4 ×　「ＢがＡに与えた代理権が消滅した後にＡが行った代理権の範囲内の行為」なので，表見代理（代理権消滅後の表見代理）が成立する可能性があります。

しかし，相手方Ｃには，「過失によって代理権消滅の事実を知らなかった」という事情がありますので，表見代理は成立しません。**表見代理の成立要件の①本人の帰責事由＋②相手方の正当な信頼**のうち，①あり，**②相手方の正当な信頼なし**のケースです。

ポモドーロテクニックをご存じですか？　25分勉強したら５分休むという方法です。フランチェスコ・シリロ氏が提唱したタイマーを活用した時間管理手法で，「ポモドーロ」はイタリア語で「トマト」の意味。トマト型のタイマーを使っていたそうですよ！今は，ポモドーロタイマーというものが売られていますから，試してみるのはいかがでしょうか。

時効（民法）

★★★★★

学習日

https://youtu.be/9Y-iRwqnLGY

時効は少々高度な内容になります。受験生が苦手にしやすいテーマの１つです。用語の意味，考え方を丁寧に理解し，丁寧に学習するようにしましょう。

サクッとおさらい！

▶ 時効取得前の第三者

第三者Ｃが登記をした後に時効が完成した場合は，占有者（時効取得者）Ｂは，その第三者Ｃ（＝時効完成前の第三者）に対して，登記をしなくても時効取得を対抗することができます。

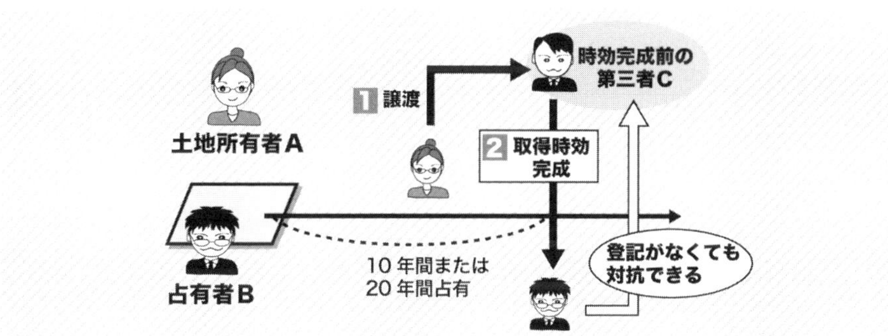

▶ 時効取得の対象

時効取得の対象は，**所有権だけではありません**。不動産の賃借権，地役権などの権利も，時効取得することができます。例えば，土地の継続的な用益という外形的事実が存在し，かつ，それが賃借の意思に基づくものであることが客観的に表現されているときは，土地の賃借権も，時効により取得することができます。

時効取得するためには，**取得する権利に対応した「〇〇権の意思」**が必要です。

例えば，**賃借権を時効取得**するには，（所有の意思ではなく）**「賃借の意思」**が必要です。賃料を支払って不動産を借りている場合，一定期間その土地の使用を継続するという外形的事実があるので，賃借権を時効取得できます。

賃借権の時効取得は，賃貸人が実は所有者でなかった場合に，真の所有者に対して賃借人が賃借権を取得できるかどうかという場面です。

また，発展型として，地役権の時効取得があります（平成22年，平成25年，令和２年（12月試験）出題）。

発展 地役権の時効取得

イメージとしては，ずっと長い間，誰から見てもあの人に権利があると思えるように使っている場合に時効取得できます（例　通行者が自ら通路を開設し，一定の期間，他人の土地の通行を継続している等）。

継続的な行使　＋　外形上認識できる　⇒　地役権の時効取得成立！

出題例を見てみましょう。

「地役権は，継続的に行使されるもの，又は外形上認識することができるものに限り，時効取得することができる（令和２年（12月試験）問９肢１）。」

これは，誤りです。地役権は，継続的に行使され，**「かつ」**，外形上認識することができるものに限り，時効によって取得することができます。

ワンポイント 「かつ」と「又は」のひっかけ問題に注意！

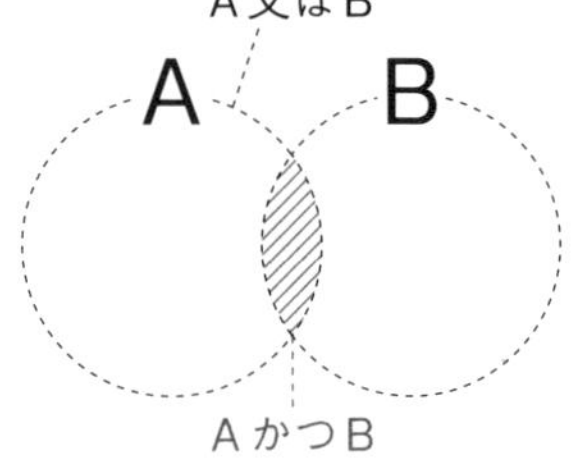

発展 農地法の許可

土地の賃借権の時効取得を認めるための要件が満たされた場合，その者の「継続的な占有を保護すべきものとして賃借権の時効取得を認める」ことは，「農地法による規制の趣旨（食料をつくる農地を守る）」に反するものではありませんから，時効により賃借権を取得する場合には，農地法の許可は不要です。

ワンポイント 制度趣旨から考える！

考え方を理解しないと，難問。暗記事項が１つ増えます。

考え方を学び，覚えなければいけないことを減らしましょう！

▶ 時効を「援用」するって何？

時効の**援用**（えんよう）とは，**「私は時効の利益を受けるよ！」**と意思表示（主張）することです。

例えば，「取得時効が成立したので，私の土地です」とか，「消滅時効が成立したので，借金はもう払いません！」とかちゃんと言うことです。

時効は，一定の期間が経過しさえすれば，自動的に確定的な効力が生じるものではありません。

当事者が**援用**しなければ，裁判所は，これによって裁判をすることができないのです。

これはどうしてでしょうか？

時効が完成すると，他人の物だった土地を手に入れたり，返済しなければならないはずの借金が帳消しになったりします。これでは，「悪い気がする…いさぎよくない！」という人もいるはずです。

そういうことを考えて，時効によって利益を受けるかどうかを，自分で決めることができるようにしてあるのです（当事者の意思の尊重）。

発展 時効の援用権者

時効の援用ができる人は，時効によって**正当な利益を有する者**（及びその**承継人**）だけです。

具体的には，債権の消滅時効の場合，**債務者**の他には，債務者の代わりに借金を返済しなければならなくなってしまう**保証人・連帯保証人・根保証人**，土地・建物を競売にかけられてしまう**物上保証人・抵当不動産の第三取得者**などが該当します。

サクッと○×チェック！

1 A所有の甲土地を占有しているBによる権利の時効取得において，Aから甲土地を買い受けたCが所有権の移転登記を備えた後に，Bについて甲土地所有権の取得時効が完成した場合，Bは，Cに対し，登記がなくても甲土地の所有者であることを主張することができる。 平成27年 問4

2 A所有の甲土地を占有しているBによる権利の時効取得において，甲土地が農地である場合，BがAと甲土地につき賃貸借契約を締結して20年以上にわたって賃料を支払って継続的に耕作していても，農地法の許可がなければ，Bは，時効によって甲土地の賃借権を取得することはできない。 平成27年 問4

3 後順位抵当権者は，先順位抵当権の被担保債権の消滅時効を援用することができる。
司法試験 令和4年（問5）

4 Aから甲土地上の建物を賃借しているBは，Aが取得時効に必要な期間，甲土地を占有している場合であっても，甲土地のAの取得時効を援用することができない。

司法試験 令和4年（問5）

解答

1 ○ 第三者が登記をした後に時効が完成した場合は，占有者（時効取得者）は，その第三者（＝時効完成前の第三者）に対して，登記をしなくても時効取得を対抗することができます。

☞ なぜ登記がなくても勝てるのか，理解できれば合格です！ 取得時効の「当事者」の関係（奪う者と奪われる者の関係）では，登記は関係ないのです。

2 × どのような場合に，賃借権や地役権等，所有権以外の財産権も，時効取得できるのか注意しましょう！

☞ 賃借権を時効取得できる状況を理解しましょう。農地法の目的（農業生産力の維持・向上）から，許可を必要とすべきか不要としてよいか考えるようにしましょう。

3 × 抵当権の順位が上がる利益は，反射的利益に過ぎないので，消滅時効を援用することができません（最判平11.10.21）。

4 ○ 土地の時効取得によって直接利益を得るのは，土地の自主占有者たる賃貸人であり，土地上の建物の占有者（建物賃借人）は取得時効によって間接的に利益を得るにすぎないので，取得時効を援用することができません。

民法は考え方を学ぶこと，「わかった」を大事に図を描きながら丁寧に勉強するのが大事です。わからないまま過去問を丸暗記しても辛いだけで続きませんし，本試験に太刀打ちできません。

遡及効・同時履行の抗弁権(民法)

★★★★★

https://youtu.be/hAFmeh1OAZw

学習日 ／ ／ ／ ／

いつから？　という視点は，宅建試験で頻出です。なぜそのような扱いとなるのかを理解することを大切にしましょう！　図を描きながら学習することをおススメします。

サクッとおさらい！

▶ 時効の効果は占有開始時にさかのぼる！

時効の効果は，期間の経過とともに当然に生ずるものではなく，時効が援用されたときにはじめて確定的に生じます。

そして，時効の効力は，その起算日にさかのぼります（その結果，起算日以降の税負担などは取得者になります)。つまり，占有者Bが甲土地の所有権を時効取得するのは，取得時効の起算点である**占有の開始時**です。

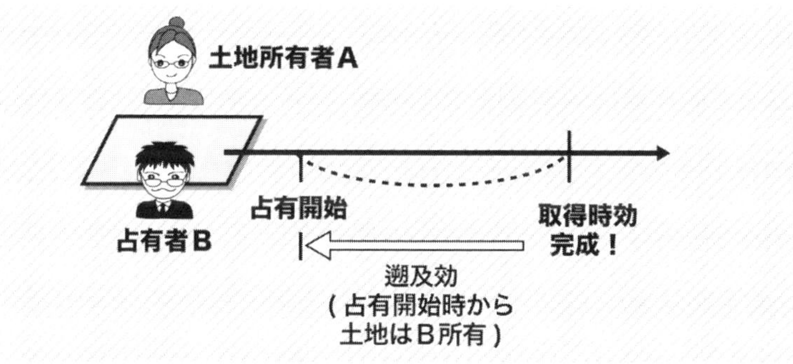

▶ 遡及効が生じる場合　VS　生じない場合

遡及効（そきゅうこう）とは，さかのぼって効力を生じることをいいます。代表例は，**取消しや解除**（売買契約の解除など)，**無権代理における本人の追認**，**時効**の場合です。

注意したいのは，**賃貸借契約の解除**をしても，継続的な賃貸借契約の性質から，**遡及しない**ということです。

▶ 同時履行の関係

同時履行の関係とは，売主Aと買主Bがお互いに同時に返還して契約を白紙に戻すことをいいます。

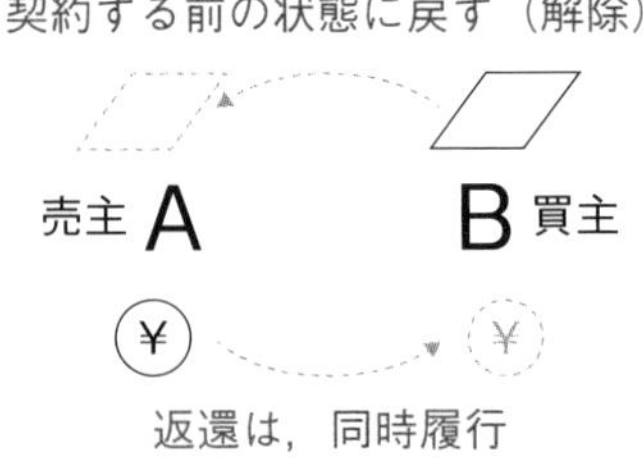

▶ 同時履行の抗弁権が認められる場合　VS　認められない場合

同時履行の抗弁権とは，「相手がやるまで，私もやらないよ！」と抵抗する権利をいいます。**同時履行の抗弁権が認められる例**は以下の通りです。

・売買における**買主の代金支払い債務**と**売主の所有権移転登記に協力する債務**
・請負における**請負人の目的物引渡し債務**と**注文者の報酬支払い債務**
・解除による**双方の原状回復義務**
・**無効，取消し**による**双方の返還債務**
・弁済と**受取証書**の交付義務
・借地権者の土地の明渡しと建物買取請求権
・賃貸借における賃貸人の修繕義務（使用・収益できないほどの状態）と賃借人の賃料支払い義務

同時履行の抗弁権が**認められない時**もあります。自分が先に履行しないと，相手方が履行してくれないような場合です。

・**弁済**（先）と**抵当権登記の抹消手続き**（後）
・**弁済**（先）と**債権証書**の交付義務（後）
・賃貸借終了時における**目的物明渡義務**（先）と**敷金返還債務**（後）
・借家人の建物の明渡し（先）と造作買取請求権（後）

サクッと○×チェック！

1 所有権の移転・取得に関して，Aの所有する甲土地をBが時効取得した場合，Bが甲土地の所有権を取得するのは，取得時効の完成時である。 平成29年 問2

2 所有権の移転・取得に関して，AがBに丁土地を売却したが，AがBの強迫を理由に売買契約を取り消した場合，丁土地の所有権はAに復帰し，初めからBに移転しなかったことになる。 平成29年 問2

解答

1 × 占有の開始時が起算点となる（遡及効）。

2 ○ 強迫による意思表示は，取り消すことができます。そして，取り消された行為は，**初めから無効**であったものとみなされます。丁土地の所有権はAに復帰し，初めからBに移転しなかったことになりますので，**契約する前の状態に戻す**ことになります。お互いに受け取っていた物の返還は，**同時履行の関係**（お互いに同時に返還する）です。

☞ **1**時効取得や**2**取消しが認められると，どのような扱いとなるのか，丁寧に理解しましょう。

昨今宅建試験は難化しています。「過去問を覚えれば何とかなるよ」はもはや通用しません。上司や一昔前に合格した方からのアドバイスは鵜呑みにしないようにしましょう。過去問は覚えるものではなく，学ぶ題材です。本質を理解するツールだと考えましょう。
本書でも，難化傾向に対応するべく他資格試験問題やオリジナル問題を掲載しています。「司法試験！？」と怖気付くことなくチャレンジしてみれば，意外に解けます。

相隣関係・共有(民法)

★★★★★　学習日 ／ ／ ／ ／

https://youtu.be/JxnVrLaO1XY

相隣関係は2023年に改正されています。改正の重要ポイントをしっかり押さえましょう。

サクッとおさらい!

▶ お隣さんの竹木の枝と根がはみ出して来たら切っていい?

隣地の竹木の枝が境界線を越えてきたとき，原則として，竹木の所有者に枝を切り取らせることができます。次の場合には，自分でその枝を切り取ることができます。

① 竹木の所有者に枝を切除するよう催告したにもかかわらず，竹木の所有者が相当の期間内に切除しないとき
② 竹木の所有者を知ることができず，又はその所在を知ることができないとき
③ 急迫の事情があるとき

隣地の竹木の根が境界線を越えてきたときは，越境された側が，自分でその根を切り取ることができます。自分で切り取ってよいかをまとめると以下のようになります。

枝 (例 柿の枝，実など)	原則 × 例外 上記①②③の場合はOK!
根 (例 タケノコなど)	○ OK!

▶ 共有について比較しながら整理しよう！

	行為	内容	具体例	要件
共有物全体	保存行為	共有物の現状を維持（保存）する	●修繕 ●不法占有者への明渡請求 ●不実の登記の抹消請求	各共有者が単独でできる
	管理行為	共有物を利用・改良する	●管理者の選任・解任 ●第三者への賃貸（短期）※3 賃貸借契約解除 ●利用者を決める	持分の過半数の同意が必要
	軽微な変更※1	形状（外観，構造等）・効用（用途・機能等）の著しい変更をともなわない変更	●砂利道のアスファルト舗装 ●建物外壁の大規模修繕工事	持分の過半数の同意が必要
	変更行為（重大な変更）※2	形状（外観，構造等）・効用（用途・機能等）の著しい変更をともなう変更	●第三者への売却 ●建替え・増改築・建物の解体 ●第三者への賃貸（長期）※3 ●農地を宅地に転用する	共有者の全員の同意が必要
持分	処分		●持分の売却 ●持分への抵当権の設定	各共有者は単独でできる

※1　軽微な変更とは，形状（外観，構造等）・効用（用途・機能等）の著しい変更をともなわない変更をいいます。例えば，砂利道のアスファルト舗装，建物外壁の大規模修繕工事などです。軽微な変更には，**持分価格の過半数の同意**が原則必要となります。ただし，以下の場合は例外となります。

所在等不明の共有者や賛否（賛成するか反対するか）を明らかにしない共有者がいる場合	**裁判所の決定**を得て，**その共有者以外の共有者の持分の価格の過半数**をもって行うことができる。 ❗注意　**裁判所の決定**を得た場合でも，**特別な影響を受ける共有者の承諾**は必要！
特別な影響を及ぼす場合	特別な影響を受ける共有者の承諾が必要

※2　重大な変更とは，形状（外観，構造等）・効用（用途・機能等）の著しい変更をともなう変更をいいます。例えば，建替え・増改築・建物の解体，農地を宅地に転用する場合などです。原則として**共有者全員の同意**が必要です。例外的に所在等不明の共有者がいる場合，**裁判所の決定**を得て，その共有者以外の共有者の**全員の同意**をもって行うことができます。

※3　くわしくは18頁参照。

▶ 賃貸借契約は管理行為にあたるか？　変更行為にあたるか？

短期の賃貸借は管理行為，長期の賃貸借は変更行為にあたります。表にまとめると以下の通りです。

	考え方	具体例
管理行為	短期間の賃貸借	**建物の賃貸借：3年以内** **土地の賃貸借：5年以内** ※樹木の栽植又は伐採を目的とする山林の賃借権：10年以内
変更行為	長期にわたって使用不能	上記を超える賃貸借

3年を超える建物賃貸借の**設定**は変更行為ですが，**解除**は管理なので持分の過半数の同意でできます。

	設定	解除
3年を超えない建物賃借権	管理※1	管理※1
3年を超える建物賃借権	変更※2	管理※1

※1　管理　⇒　持分の過半数の同意が必要　　※2　変更　⇒　共有者全員の同意が必要

サクッと○×チェック！

1　土地の所有者は，隣地の竹木の枝が境界線を越えているときは，自らその枝を切除することができる。 オリジナル

2　袋地の所有権を取得した者は，所有権取得登記を経由していなくても，囲繞地の所有者及び囲繞地につき利用権を有する者に対して，公道に至るため囲繞地を通行する権利を主張することができる。 オリジナル

3　共有物の修理や不法占拠者に対する妨害排除は，共有者の持分の過半数の同意でできる。 オリジナル

4　共有者が共有している建物の賃貸借契約に関して，3年を超える建物賃貸借契約を締結することは共有者全員によってされる必要があるが，その建物賃貸借契約を解除することは過半数の持分を有する共有者によって可能である。 オリジナル

解答

1 × 原則として，自分で切り取ってはいけません。

2 ○ 土地が囲繞地（囲まれた土地）であることから認められる性質上，公道に至るため囲繞地を通行する権利を主張するために，所有権の登記は不要です。

3 × 共有物の修理や不法占拠者に対する妨害排除は，各共有者が単独でできる。

4 ○ 正しいです。管理は持分の過半数，変更は共有者全員の同意が必要です。

相隣関係は2023年に改正されていますので，出題可能性大です！宅建試験は，改正されたところが狙われますのでしっかり押さえましょう。「しっかりと改正法を押さえている実務家を合格させたい」という試験作成者の意図だと思います！

抵当権(民法)

★★★★☆　学習日 ／ ／ ／ ／

https://youtu.be/9oGlzBZ9vEg

抵当権は，頻出テーマでありながら，ほとんどの宅建試験受験生が苦手とするところです。ぜひ攻略して，ライバルに差をつけましょう！

サクッとおさらい！

▶ 法定地上権の成立要件（抵当権設定時の状況をカクニン!!）

実行された抵当権について考えます。「抵当権設定時」に関する要件①②が特に重要です。

①抵当権設定時に，土地の上に建物が存すること
②抵当権設定時に，土地とその上の建物が同一の所有者に属すること
③土地又は建物につき抵当権が設定されたこと
④抵当権の実行により所有者を異にするに至ったこと

注意 土地及びその地上建物の所有者が，建物の所有権移転登記を経由しないまま，土地に対し抵当権を設定した場合であっても，法定地上権は成立します。

▶ 第三取得者は抵当権消滅請求できるか？

抵当権の設定されている不動産は，抵当権実行の危険にさらされています。そのような不動産であっても，第三取得者が抵当権を消滅させることができるのであれば，安心して不動産を取得，利用することができるようになります。そこで，抵当権を消滅させる手段が第三取得者に認められています。

注意 主たる債務者や保証人（及びこれらの者の承継人）は，債務全額を弁済して被担保債権を消滅させるべき立場にありますので，抵当権消滅請求を行うことができません。

抵当権消滅請求できる者	第三取得者
抵当権消滅請求できない者	主たる債務者や保証人

抵当不動産の**第三取得者**は，抵当不動産の代価（任意の金額）を抵当権者に提供して，**抵当権の消滅を請求**することができます。

抵当権消滅請求は，抵当権の実行としての競売による**差押えの効力発生『前』**にする必要があります。

買い受けた不動産に抵当権の登記があるときは，抵当権消滅請求の手続きが終わるまで，代金の支払いを拒むことができます（**代金支払拒絶権**）。

サクッと〇×チェック！

1 抵当権の対象不動産が借地上の建物であった場合，特段の事情がない限り，抵当権の効力は当該建物のみならず借地権についても及ぶ。 平成25年 問5

2 Aは，A所有の甲土地にBから借り入れた3,000万円の担保として抵当権を設定した。甲土地上の建物が火災によって焼失してしまったが，当該建物に火災保険が付されていた場合，Bは，甲土地の抵当権に基づき，この火災保険契約に基づく損害保険金を請求することができる。 平成28年 問4

3 Aが所有する甲土地上にBが乙建物を建築して所有権を登記していたところ，AがBから乙建物を買い取り，その後，Aが甲土地にCのために抵当権を設定し登記した。

Aが乙建物の登記をA名義に移転する前に，甲土地に抵当権を設定登記していた場合，甲土地の抵当権が実行されたとしても，乙建物のために法定地上権は成立する。 平成30年 問6

4 AがB所有の甲土地を建物所有目的でなく利用するための権原が，①地上権である場合では，Aは当該権原を目的とする抵当権を設定することができるが，②賃借権である場合では，Aは当該権原を目的とする抵当権を設定することはできない。 令和4年 問8

5 A所有の甲土地にBのCに対する債務を担保するためにCの抵当権（「本件抵当権」）が設定され，その旨の登記がなされた場合，BがAから甲土地を買い受けた場合，Bは抵当不動産の第三取得者として，本件抵当権について，Cに対して抵当権消滅請求をすることができる。 令和4年 問4

解答

1 ○ 抵当権の対象不動産が借地上の建物であった場合，特段の事情がない限り，抵当権の効力は，当該建物のみならず借地権についても及びます。

2 × 抵当権は，その目的物の売却，賃貸，滅失又は損傷によって抵当権設定者が受けるべき金銭その他の物に対しても，行使することができます（物上代位）。

しかし，土地と建物は別個の不動産ですから，土地に設定された抵当権は，その土地上の建物には効力が及びません。

したがって，Bは，甲土地に設定された抵当権に基づいて，甲土地上の建物に付されていた火災保険契約に基づく損害保険金を請求することはできません。

☞ 図を描きながら，どのような状況か，正確に把握するようにしましょう！　土地と建物は別個の不動産として考えるのが出発点です。

それぞれの場面で，土地と建物はどのような関係となるのか，丁寧に理解します。**1**と**2**は，一見似たような場面であっても，扱いが異なるので要注意です。

3 ○ 抵当権設定時に，土地と建物が同一の所有者Aに属するので，法定地上権は成立します。登記の名義は関係ないので注意しましょう。

☞ 宅建試験で特に重要な法定地上権の成立要件は，ちょっと難しい問題が出題されやすいので，完璧に使いこなせるようになってほしいテーマです。どのような状況か，丁寧に図を描いて解くことでミスを防ぎましょう。

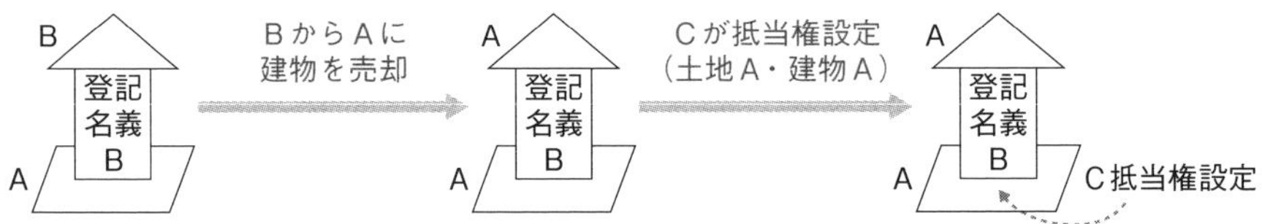

4 ○ 抵当権は，通常，不動産（土地又は建物）を対象にして設定されます。それ以外にも，地上権や永小作権を抵当権の目的とすることができます。

したがって，①地上権を目的として抵当権を設定することはできますが，②賃借権を担保に抵当権を設定することはできません。

5 × Bは，主たる債務者なので，抵当権消滅請求をすることはできません。

連帯債務と連帯保証(民法)

★★★★★

学習日 ／ ／ ／ ／

みやざき塾
サクッと3分トレ!

https://youtu.be/cjbMd5KGT94

連帯債務と連帯保証は，どのように扱いが異なるのか注意しましょう！

サクッとおさらい！

▶ 連帯債務と連帯保証

連帯債務では，全員に対し全額を請求できます。連帯債務者の１人に生じたことは原則として他の債務者に影響しません（絶対効なし⇒請求・免除・消滅時効の完成・承認等）。

連帯保証とは，保証人が主たる債務者と連帯して債務を保証することをいいます。連帯保証で，債務者がいきなり連帯保証人に取り立てに来た場合には，連帯保証人は追い返せません。また，数人連帯保証人がいてもワリカンになりません。連帯なので，全員に対して全額を請求できます。

!注意 連帯保証人に請求しても主たる債務者には影響しません（単なる保証と同じ）。

▶ 免除の効果についての比較

免除とは，義務を果たさなくてもよいとすることをいいます。連帯債務者・連帯保証人への免除には絶対効がありません。

連帯債務	連帯債務において，債務の免除に絶対効はありません。免除を受けた連帯債務者以外の者には，特段の合意がなければ効力は生じません。
連帯保証	債権者が主たる債務者の債務を免除すると，保証債務の付従性から連帯保証人も債務を免れますが，連帯保証人の債務を免除しても，主たる債務者への効力は生じません。

▶ 請求の効果についての比較

請求とは，「借金返せ！」と主張することです。連帯債務者・連帯保証人への請求にも絶対効はありません。

連帯債務	連帯債務において，請求に絶対効はありません。請求を受けた連帯債務者以外の者には，特段の合意がなければ効力は生じません。
連帯保証	保証債務には付従性があり，主たる債務者への請求の効力は，連帯保証人にも及びますが，連帯保証人に請求しても，主たる債務者への効力は生じません。

サクッと○×チェック！

1　AからBとCとが負担部分２分の１として連帯して1,000万円を借り入れる場合と，DからEが1,000万円を借り入れ，Fがその借入金返済債務についてEと連帯して保証する場合に関して，Aが，Bに対して債務を免除した場合にはCが，Cに対して債務を免除した場合にはBが，それぞれ500万円分の債務を免れる。Dが，Eに対して債務を免除した場合にはFが，Fに対して債務を免除した場合にはEが，それぞれ全額の債務を免れる。 平成20年 問6

2　AからBとCとが負担部分２分の１として連帯して1,000万円を借り入れる場合と，DからEが1,000万円を借り入れ，Fがその借入金返済債務についてEと連帯して保証する場合に関して，Aが，Bに対して履行を請求した効果はCに及ばず，Cに対して履行を請求した効果はBに及ばない。Dが，Eに対して履行を請求した効果はFに及び，Fに対して履行を請求した効果はEに及ばない。 平成20年 問6

解答

1　×　AがBに対して債務を免除した効果はCに及ばないので，Cは債務を免れません。同様に，AがCに対して債務を免除した効果はBに及ばないので，Bは債務を免れません。

また，Dが，Eに対して債務を免除した効果はFに及ぶので，Fは債務を免れます。しかし，Dが，Fに対して債務を免除した効果はEに及ばないので，Eは債務を免れません。

2　○　その通り。

ワンポイント　関係図を描いて整理!!

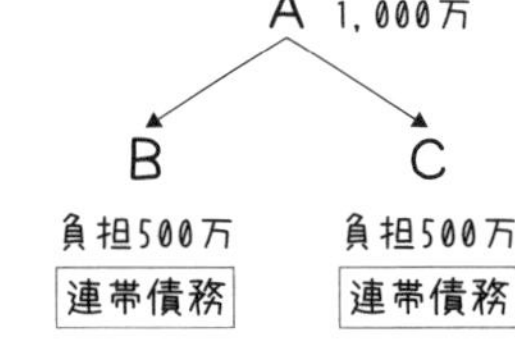

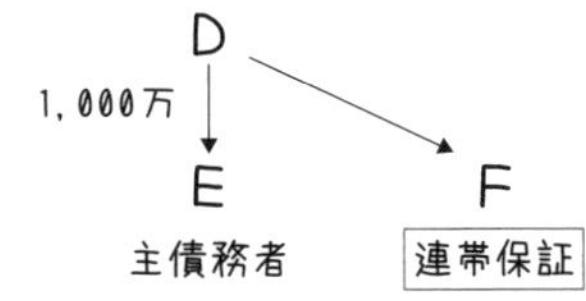

債権譲渡（民法）

★★★☆☆

学習日 ／ ／ ／ ／

https://youtu.be/ONYzQxAscx4

2020年民法改正で考え方が大きく変わったテーマです。まずは，考え方をしっかりと理解することを心がけましょう！

サクッとおさらい！

▶ 譲渡制限がある場合の債権譲渡（支払いを拒否できるか？）

債権譲渡を禁止する特約があったとして，その特約に反した譲渡人Aから譲受人Cへの債権譲渡は，原則有効です。この場合に，債務者Bは，譲受人C・転得者Xへの支払いを拒否できるでしょうか？

譲受人C・転得者Xの悪意，善意等により，扱いが異なります。

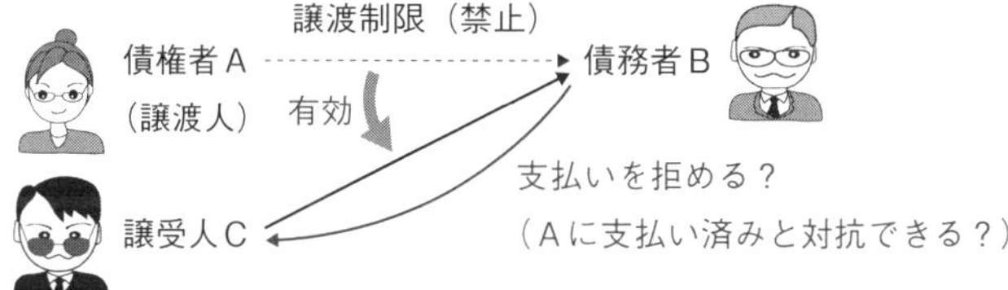

悪意	債務者Bは，譲受人C・転得者Xへの支払いを拒否できる
善意・重過失あり	債務者Bは，譲受人C・転得者Xへの支払いを拒否できる
善意・軽過失あり	債務者Bは，譲受人C・転得者Xへの支払いを**拒否できない**
善意・過失なし	債務者Bは，譲受人C・転得者Xへの支払いを**拒否できない**

▶「将来の取引」に関する債権の譲渡はできるか？

取引の種類，金額，期間などにより債権が**特定**されている場合には，特段の事情がない限り，**将来の取引に関する債権**であっても，債権譲渡を有効に行うことができます。

例えば，不動産賃料債権（将来発生する賃料に関する債権）などが挙げられます。将来発生する債権は，発生する前であっても，売却することができるのです。

※特定の例

【債権発生原因】 ○県○市○町○番地所在△ビルディング□号室の賃貸借契約に基づく賃料債権

サクッと〇×チェック！

1 譲渡制限の意思表示のある債権の譲渡を受けた第三者が，その譲渡制限の意思表示の存在を知らなかったとしても，知らなかったことにつき重大な過失があれば，債務者は，その第三者に対しては，債務の履行を拒むことができる。※民法第466条の5に規定する預貯金債権については考慮しないものとする。 平成30年 問7

2 債権の譲受人が譲渡制限の意思表示の存在を知っていれば，さらにその債権を譲り受けた転得者がその意思表示の存在を知らなかったことにつき重大な過失がなかったとしても，債務者はその転得者に対して，債務の履行を拒むことができる。※民法第466条の5に規定する預貯金債権については考慮しないものとする。
平成30年 問7

3 債権が譲渡された場合，その意思表示の時に債権が現に発生していないときは，譲受人は，その後に発生した債権を取得できない。 令和3年（10月） 問6

解答

1 ○ 当事者が債権譲渡制限の意思表示をしたときであっても，債権の譲渡は，原則として，**有効**です。

ただし，譲渡制限の意思表示がされたことを知り（**悪意**），又は重大な過失によって知らなかった（**善意重過失**）譲受人や第三者（転得者など）に対しては，支払う必要はないので，債務者は，その**債務の履行を拒むことができます**。

2 × 譲渡制限の意思表示がされたことを知り（悪意），又は重大な過失によって知らなかった（善意重過失）譲受人その他の第三者に対しては，債務者は，その債務の履行を拒むことができます。

しかし，債権の譲渡制限の意思表示のある債権を悪意で譲り受けた者からさらにその意思表示の存在を知らなかったことにつき重大な過失がなく譲り受けた転得者（善意無重過失の転得者）に対して，債務者は，その債務の履行を拒むことができません。転得者の期待を保護する必要があるからです。

3 × 『将来発生する債権が譲渡された場合（＝その意思表示の時に債権が現に発生していないとき）』，譲受人は，発生した債権を取得できます。

相殺（民法）

★★★★★

学習日 ／ ／ ／ ／

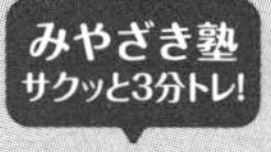

https://youtu.be/ozg-YsNBcZY

相殺は少々高度な内容となっています。丁寧に，１つ１つの場面の図を描きながら，それぞれのトラブルの場面をどのように解決していくか，重要ポイント（考え方，結論）を押さえていきましょう！

サクッとおさらい！

▶ 差押えと相殺（自働債権の取得は差押え「前」か「後」か）

相殺とは，貸し借りをチャラにすることです。「相殺する」といった人の債権が自働債権（自ら働きかける債権），ペアになって消える債権が受働債権（受け身で働く債権）です。ここで，ＢのＡに対する代金債権がＣによって差止めを受けた後に，別のＢに対する債権を取得したＡは，相殺をＣに対抗することはできません。

なお，差押え前に取得した債権による相殺は，対抗することができます。

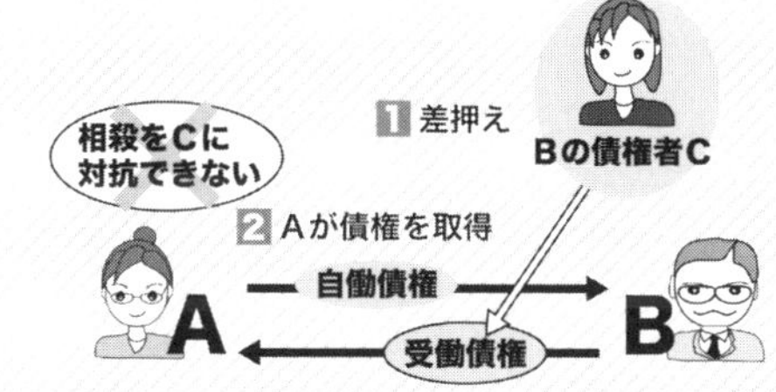

▶ 相殺できない債権とは？（被害者を守ろうヨ！）

加害者は原則相殺できます。しかし，下記の①②の**加害者**（損害賠償債務の債務者）は，相殺を被害者（債権者）に対抗することができません。

① **悪意**による**不法行為**に基づく損害賠償の債務（債務者は加害者）

② **人の生命・身体の侵害**による損害賠償の債務（債務者は加害者）

加害者に現実に弁済させて，被害者を保護する必要があるからです。

被害者側からは**相殺可能**です。

重要【加害者からの相殺】ワザとかうっかり（過失）か？人の生命・身体の侵害か物損か？

	人の生命・身体	物損
悪意（不法行為）	相殺禁止	相殺禁止
過失	相殺禁止	相殺OK！

サクッと○×チェック！

1 Bは，令和5年10月1日，B所有の甲土地につき，Aとの間で，代金1,000万円，支払期日を同年12月1日とする売買契約を締結した。同年11月1日にBの売買代金債権がBの債権者Cにより差し押さえられても，Aは，同年11月2日から12月1日までの間にBに対する別の債権を取得した場合には，同年12月1日に売買代金債務と当該債権を対当額で相殺することができる。 平成30年 問9（改題）

2 Aは，令和5年10月1日，A所有の甲土地につき，Bとの間で，代金1,000万円，支払期日を同年12月1日とする売買契約を締結した。同年10月10日，BがAの自動車事故によって身体の被害を受け，Aに対して不法行為に基づく損害賠償債権を取得した場合には，Bは売買代金債務と当該損害賠償債権を対当額で相殺することができる。 平成30年 問9（改題）

解答

1 × 差押えを受けた債権の第三債務者（A）は，差押え後に取得した債権による相殺を差押債権者（C）に対抗することができません。

2 ○ 被害者であるBは，不法行為等によって生じた債権で相殺できます。

☞ AとBの関係について，混乱しないように，丁寧に，図を描きながら解きましょう！ ただし，本問は，トレーニング用に，AとBの立場を1，2で入れ替えてあります。

注意義務（民法）

★★★★★

https://youtu.be/eBQUv6GYjpg

学習日 ／ ／ ／ ／

2023年から宅建試験で出題対象となる民法改正に関連する重要テーマです。多くの宅建受験生の盲点となる注意義務の重要ポイントを押さえて，ライバルに差をつけましょう！

サクッとおさらい！

▶ 注意義務ってどういうこと？（民法改正テーマで盲点になりやすい！）

注意してね！ということですが，注意の程度にもレベルがあります。

『自分のものと同じ』くらい注意していれば，十分な場合 （『自己の財産に対するのと同一の注意』，等）	●無償の受寄者（寄託：物を預ける契約）， ●親権者，相続放棄者，限定承認者，相続財産を管理する相続人など
『善良なる管理者』としての注意義務（ちょっとでも手を抜くと，損害賠償請求される！）	上記以外（共有者による共有物の使用，所在不明土地管理人，管理不全土地管理人，後見人，後見監督人，遺言執行者など）

▶ 寄託と委任の注意義務（しっかり押さえよう！）

寄託（きたく）とは，当事者の一方が，相手方のために物を保管することを約束して，物を受取ることによって成立する契約のことをいいます。**受任**とは，委任者が受任者に対して契約や事務を処理を委託し，受任者が承諾することにより成立する契約です。違いに注意しましょう！

	寄託	委任
無償	自分のものと同じくらい	善良なる管理者
有償	善良なる管理者	善良なる管理者

サクッと○×チェック！

1 委任の受任者は，報酬を受けて受任する場合も，無報酬で受任する場合も，善良な管理者の注意をもって委任事務を処理する義務を負う。 平成20年 問7

2 商人ではない受寄者は，報酬を受けて寄託を受ける場合も，無報酬で寄託を受ける場合も，自己の財産と同一の注意をもって寄託物を保管する義務を負う。
平成20年 問7

3 特定物の引渡しを目的とする債権の債務者は，債権者に受領遅滞があった場合であっても，善良な管理者の注意をもって，目的物を保存する義務を負う。
司法試験 令和元年（問37）

4 贈与契約の贈与者は，目的物の引渡しまでの間，自己の財産に対するのと同一の注意をもって，目的物を保存すれば足りる。 司法試験 令和元年（問37）

5 相続人は，相続の承認又は放棄をするまでの間，その固有財産におけるのと同一の注意をもって，相続財産を管理すれば足りる。 司法試験 令和元年（問37）

解答

1 ○ その通り。

2 × 寄託と委任の注意義務の扱いの違いに注意しましょう！

3 × 特定物の引渡しを目的とする債権の債務者は，債権者に受領遅滞があった場合，（善良な管理者の注意ではなく，）債務者の注意義務が軽減され，自己の財産に対するのと同一の注意をもって，その物を保存すればよい。

☞ イメージで考えよう♪ **債権者が悪いので債務者の注意義務は軽減！**

4 × 贈与契約の贈与者は，目的物の引渡しまでの間，善良な管理者の注意をもって，目的物を保存する義務を負います。

5 ○ その通り。

不法行為（民法）

★★★★★

学習日 ／ ／ ／ ／

みやざき塾
サクッと3分トレ!

https://youtu.be/U2xrFc9eb3s

使用者責任については，少々高度な内容についても正確に理解しておきましょう！

サクッとおさらい！

▶ 使用者責任

使用者責任は，行為の外形から客観的に職務の範囲内であれば成立します（見た目！）。使用者責任が成立すると，被害者は，加害者と使用者の両方に**全額の請求**が出来ます。使用者から加害者への求償（会社が払った分返してね！）は，**信義則上相当な範囲**に限られます。

ワンポイント

図を描いて，混乱せずに，状況を把握できるかどうかが合格・不合格の分かれ道です。

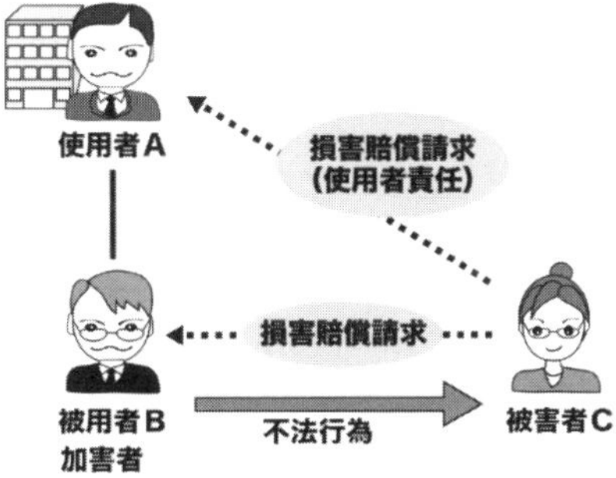

▶ 不法行為における損害賠償請求権は時効消滅する？

不法行為による損害賠償請求権は，被害者またはその法定代理人が**損害および加害者**を**「知った時から３年」**間（人の生命または身体の侵害による損害賠償請求権の場合は，損害および加害者を「知った時から５年」間）行使しないと，**時効により消滅**します。

または，**不法行為の時から20年**を経過したときも消滅します。

重要 債権一般と不法行為の消滅時効の期間の比較

	債権一般	不法行為
一般	知った時から５年 行使できる時から10年	知った時から３年 不法行為から20年
生命・身体の侵害への損害賠償請求	知った時から５年 行使できる時から20年	知った時から５年 不法行為から20年

サクッと○×チェック！

1　Ａに雇用されているＢが，勤務中にＡ所有の乗用車を運転し，営業活動のため得意先に向かっている途中で交通事故を起こし，歩いていたＣに危害を加えた場合，ＢのＣに対する損害賠償義務が消滅時効にかかったとしても，ＡのＣに対する損害賠償義務が当然に消滅するものではない。 平成24年 問９

2　Ａに雇用されているＢが，勤務中にＡ所有の乗用車を運転し，営業活動のため得意先に向かっている途中で交通事故を起こし，歩いていたＣに危害を加えた場合，Ａの使用者責任が認められてＣに対して損害を賠償した場合には，ＡはＢに対して求償することができるので，Ｂに資力があれば，最終的にはＡはＣに対して賠償した損害額の全額を常にＢから回収することができる。 平成24年 問９

解答

1 ○　ある事業のために他人を使用する者は，被用者が事業の執行について第三者に加えた損害を賠償する責任を負います。使用者責任が成立する場合，被用者も不法行為責任を負っています。**使用者と被用者の関係は，連帯債務の関係**になります。

被害者は使用者・被用者のどちらに対しても損害賠償を請求できます。一方が損害の賠償をすれば両者の債務は消滅します。しかし，使用者と被用者のどちらか一方の消滅時効の完成は，他方に影響せず，時効期間も別個に進行します。

したがって，ＢのＣに対する損害賠償義務が消滅時効にかかったとしても，ＡのＣに対する損害賠償義務が当然に消滅するものではありません。

2 ×　使用者責任を負う使用者Ａが被害者に損害賠償金を支払った場合，Ａは，**損害の公平な分担**という考え方から，**信義則上相当と認められる限度**において，被用者Ｂに**求償**することができます。したがって，Ａは全額を常にＢから回収することができるわけではありません。

相続・遺言(民法)

★★★★★

学習日

みやざき塾
サクッと3分トレ!

https://youtu.be/Yz-GdZ2W_P4

相続の事例問題は，登場人物が多く混乱しやすい設問になることがあります。まず人物関係図を描き，「いつ」「どのような出来事があったか」書き込んでいきましょう。

図を描くのが苦手な方は，テキスト，問題集解説，YouTube動画講義などを活用して，まねていくところから取り組みましょう。

サクッとおさらい！

▶ 相続の開始の時期はいつ？（知った時からだよ！）

相続人は，自己のために相続の開始があったことを**知った時から3カ月**以内に，相続について，単純承認，限定承認，又は放棄をしなければなりません。

この期間内に限定承認又は相続の放棄をしなかったときは，**単純承認をしたものとみなされます**。この3カ月の期間は，相続人1人1人について，それぞれ自己のために相続の開始があったことを**知った時から**個別に進行します。したがって，Bが自己のために相続の開始があったことを知らない場合は，たとえ相続開始から3カ月経過しても，Bは単純承認したものとみなされることはありません。

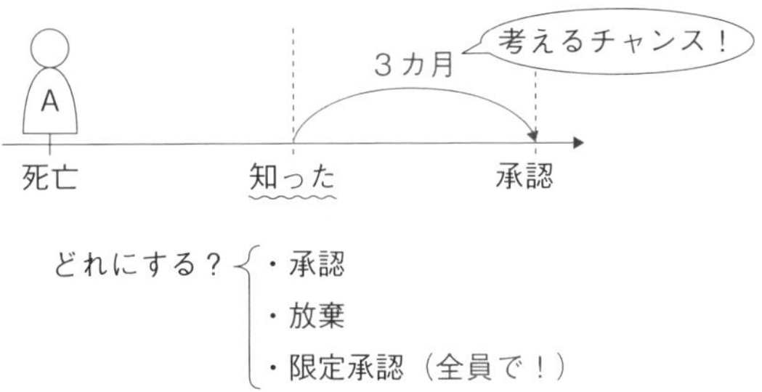

▶ 愛人に「全財産あげる」。さあどうなる？（遺留分の請求）

特定財産承継遺言とは，遺産の分割の方法の指定として遺産に属する特定の財産を共同相続人の1人又は数人に承継させる旨の遺言のことをいいます。例えば，「愛人Sに全財産あげる」という遺言があった場合，それは有効です。

その場合，遺留分権利者及びその承継人は，受遺者（特定財産承継遺言により財産を承継し又は相続分の指定を受けた相続人を含む）又は受贈者に対し，**遺留分侵害額に相当す**

る**金銭の支払い**を請求することができます。

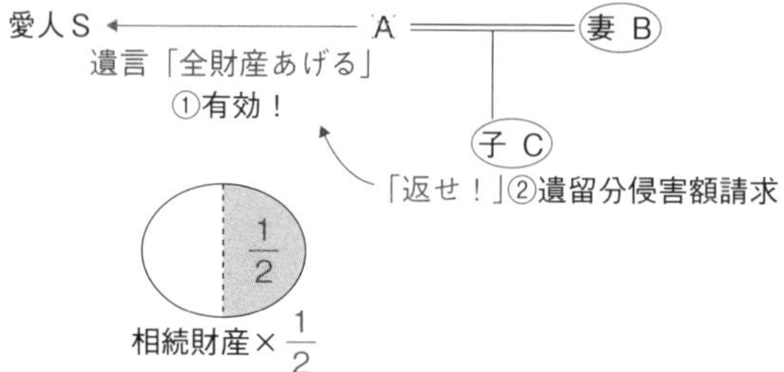

▶ どれくらい遺留分請求できる？（遺留分の割合を押さえよう！）

遺留分の割合は，直系尊属のみが相続人の場合は被相続人の財産の３分の１，それ以外の場合は被相続人の財産の**２分の１**が基本ルールです。

遺留分権利者	相続財産のうち，どのくらいが遺留分となるか？
直系尊属のみ	相続財産の３分の１
子のみ	相続財産の２分の１
配偶者のみ	
配偶者と子	
配偶者と直系尊属	

！注意 遺留分権利者が複数いる場合

全体の遺留分（上記の表）に，それぞれの遺留分権利者の法定相続分をかけ合わせたものが，その者の遺留分となります。

> ㊎ **配偶者と子二人の場合**
> 遺留分（全　　体）＝２分の１
> 遺留分（配 偶 者）＝２分の１×２分の１＝４分の１
> 遺留分（子２人分）＝２分の１×２分の１＝４分の１
> 子２人分の２分の１が子１人分なので，
> 遺留分（子１人分）＝４分の１×２分の１＝８分の１

サクッと○×チェック！

1 Ａは未婚で子供がなく，父親Ｂが所有する甲建物にＢと同居している。Ａの母親Ｃは令和４年３月末日に死亡している。ＡにはＢとＣの実子である兄Ｄがいて，ＤはＥと婚姻して実子Ｆがいたが，Ｄは令和５年３月末日に死亡している。Ｂが死亡した場合，甲建物につき法定相続分を有するＦは，甲建物を１人で占有しているＡに対して，当然に甲建物の明渡しを請求することができる。 平成24年 問10

2 Ａは未婚で子供がなく，父親Ｂが所有する甲建物にＢと同居している。Ａの母親Ｃは令和４年３月末日に死亡している。ＡにはＢとＣの実子である兄Ｄがいて，ＤはＥと婚姻して実子Ｆがいたが，Ｄは令和５年３月末日に死亡している。Ｂが死亡した後，Ａがすべての財産を第三者Ｇに遺贈する旨の遺言を残して死亡した場合，ＦはＧに対して遺留分侵害額に相当する金銭の支払を請求することができない。 平成24年 問10

3 甲建物を所有するＡが死亡し，相続人がそれぞれＡの子であるＢ及びＣの２名である場合，Ｂが自己のために相続の開始があったことを知らない場合であっても，相続の開始から３カ月が経過したときは，Ｂは単純承認をしたものとみなされる。
平成28年 問10

4 遺留分権利者及びその承継人は，受遺者（特定財産承継遺言により財産を承継し又は相続分の指定を受けた相続人を含む。）又は受贈者に対し，侵害された遺留分に相当する財産の返還を請求することができる。 平成27年 問10

解答

1 ×　相続人が数人あるときは，相続財産は，その共有に属します。各共有者は，共有物の全部について，その持分に応じた使用をすることができますので，他の共有者がその明渡しを請求することは当然にはできません。したがって，Ｆは，Ａに対して当然に甲建物の明渡しを請求することができるわけではありません。

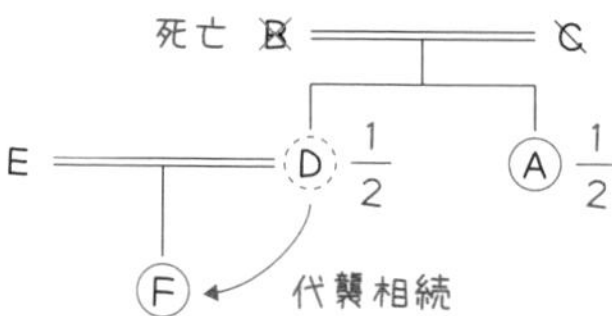

2 ○　遺留分権利者（及びその承継人）は，受遺者（遺言で財産をもらった者）又は受贈者（贈与で財産をもらった者）に対し，遺留分侵害額に相当する金銭の支払いを請求することができます。**遺留分**は，**兄弟姉妹「以外」の相続人**に認められています。Ａが死亡した場合，Ａの兄弟姉妹であるＤの子Ｆは，兄弟姉妹の地位を代襲し遺留分がありませんので，遺留分侵害額に相当する金銭の支払いを請求することができません。

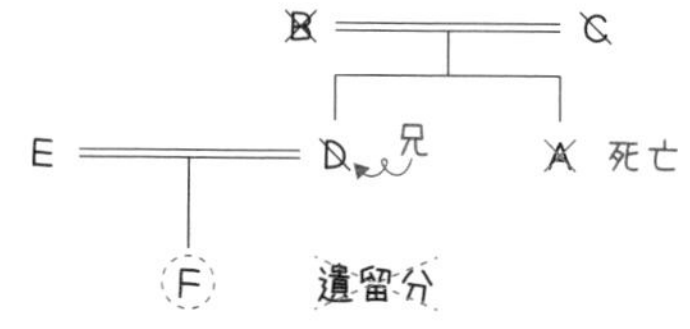

3 ×　「相続開始を知った時から３カ月」が正解です。

☞ いつから数えるかは宅建試験頻出の引っかけ問題。相続関連では，宅建業法においても，相続開始を知った時から数えることが多いので，注意しましょう！

4 ×　「遺留分侵害額に相当する金銭の支払」が正解です。

法律の用語を正確にとらえているか。法律的な考え方，相続の問題で「連れ子」はどうかとか。血のつながりのある者に財産をつなぐ制度趣旨がわかっていたかどうか。それが大事です！

不動産物権変動(民法)

★★★★★

学習日 ／ ／ ／ ／

https://youtu.be/eHuACd3ptLU

物権変動は，図を描きながら学ぶことをおススメします！　人物関係などの状況を正確に把握するため，どのようなトラブルの場面か，起こった出来事の順番に注意して，どのように解決すべきか，丁寧に解いていくようにしましょう！

サクッとおさらい！

▶ 不法占拠者に登記がなくても対抗できる？（権利者と無権利者）

権利を有する正当な買主（所有者）が，権利を有しない不法占拠者に対して，登記がなければ権利を主張できないのは，ちょっと納得いかないですよね。権利を有するBは，権利を有しない**不法占拠者**であるCに対して，**登記がなくても**，所有権を**主張することができます**。

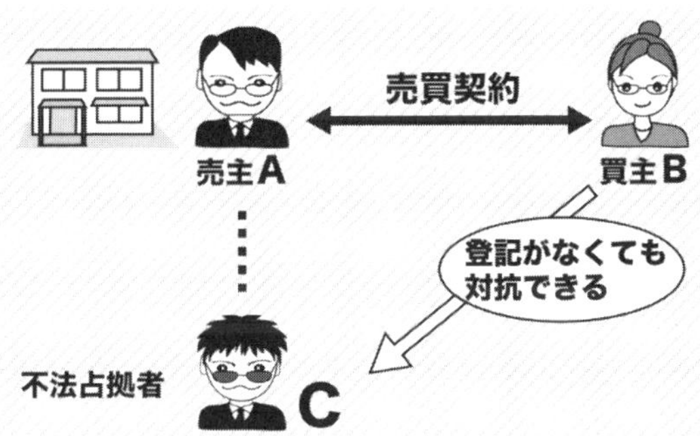

▶ 登記がなくても時効完成前の第三者に対抗できる？

取得時効の制度では，（一定期間）占有する者には登記が当然ありませんが，それでも時の経過によって権利の取得を認めています。時効が完成した時点において，B（時効によって取得する者）とC（時効によって奪われる者）は時効について**（取得時効の）当事者の関係**にあるので，時効取得者Bは，時効完成前の第三者Cに対して，**登記がなくても**，**所有権を主張することができます**。

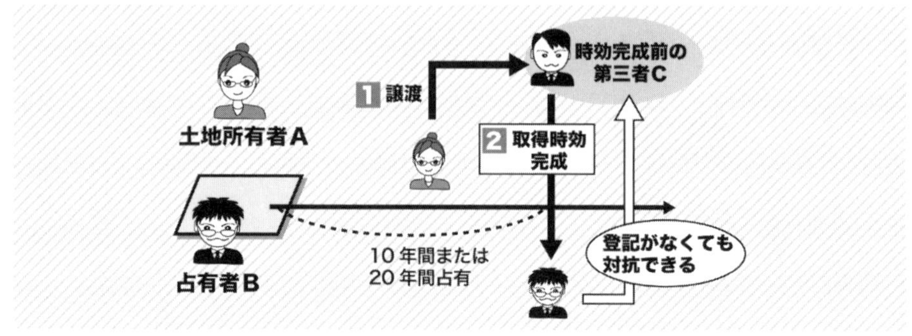

注意 「〇〇後の第三者」とあれば，先に登記した方の勝ち！

サクッと〇×チェック！

1 Aは，Aが所有している甲土地をBに売却した。甲土地を何らの権原なく不法占有しているCがいる場合，BがCに対して甲土地の所有権を主張して明渡請求をするには，甲土地の所有権移転登記を備えなければならない。 令和元年 問1

2 AからA所有の甲土地を買い受けたCが所有権の移転登記を備えた後に，甲土地を占有していたBについて甲土地所有権の取得時効が完成した場合，Bは，Cに対し，登記がある場合に限り甲土地の所有者であることを主張することができる。
平成27年 問4

解答

1 × 権利者vs.無権利者（例 不法占拠者）なので，登記がなくても，権利者の勝ち！です。

2 × 時効取得したBは，時効完成前の第三者Cに対して，登記がなくても所有者であることを主張できます。

賃貸借（民法）

学習日 ／ ／ ／ ／

https://youtu.be/iQHfJ147Vql
※42頁も参照

宅建試験の事例問題は，何かトラブルが起こったときにどう解決すべきかが問われています。登場人物それぞれの異なる立場から考えて，一方的になりすぎることなく，バランスの良い解決方法を学んでいきましょう！

サクッとおさらい！

▶ 債務不履行による賃貸借契約の解除と転貸借（家賃払わないヤツ！）

賃貸借契約が賃借人の**債務不履行**（**賃料不払いなど**）を理由に解除された場合，賃貸人は，賃貸借契約の終了を**転借人に対抗することができます**。具体的には，賃貸人は，転借人に対して，賃貸借契約が終わったから，転貸借契約はもう継続できません。転借人に「出て行っていただきますよ」と主張できます。

注意 賃貸人は，賃借人に対して，催告をして賃料を支払う機会を与える必要はありますが，転借人に対して，通知する等催告をして賃料を代わりに支払う機会を与える必要はありません。

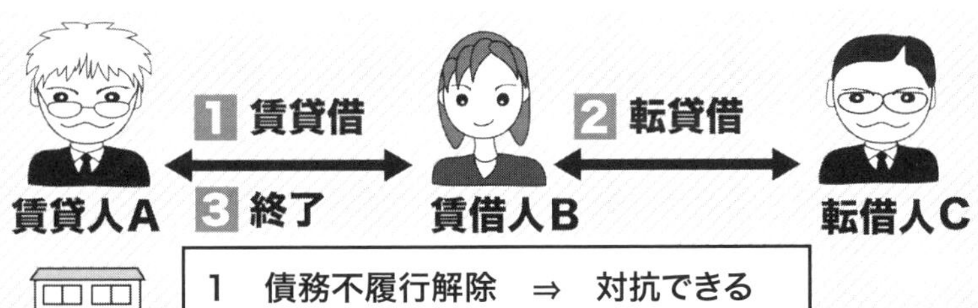

ワンポイント 過去に出たひっかけ問題

賃借人の賃料不払い等により債務不履行解除できるにもかかわらず，円満に解決するために，あえて合意解除を選択しているような場合には，**実質的には債務不履行解除**の状況なので，賃貸借契約の終了を**転借人に対抗することができます**。

▶ 賃貸人の地位の移転があると，敷金は承継される？（面倒だよね！）

賃貸人の地位の移転があった場合，敷金に関する権利義務は，**当然に新賃貸人Cに承継**されます。

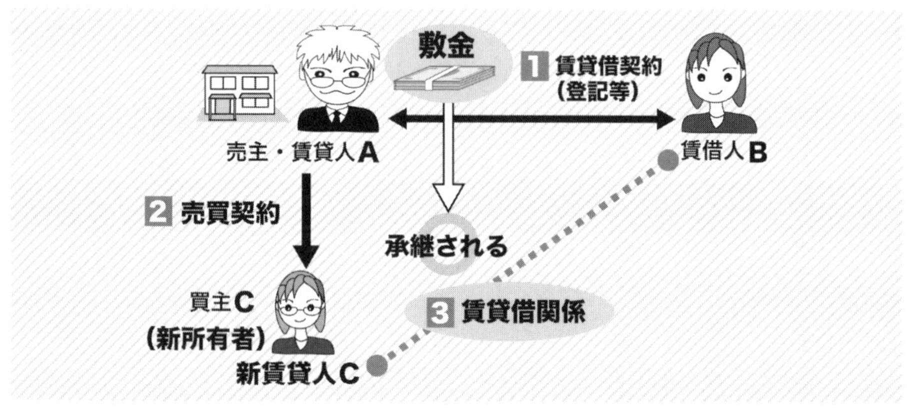

注意 承継される敷金の額について

建物がBに引き渡された後，建物の所有権がAからCに移転した場合，敷金は，特段の合意がない限り，BのAに対する未払賃料債務に充当され，**残額**がCに承継されます。

▶ 賃借権の譲渡があると，敷金の扱いはどうなる？

賃借権の譲渡があった場合，敷金に関する権利義務は，原則，**賃借権の譲受人Cに承継されません。**

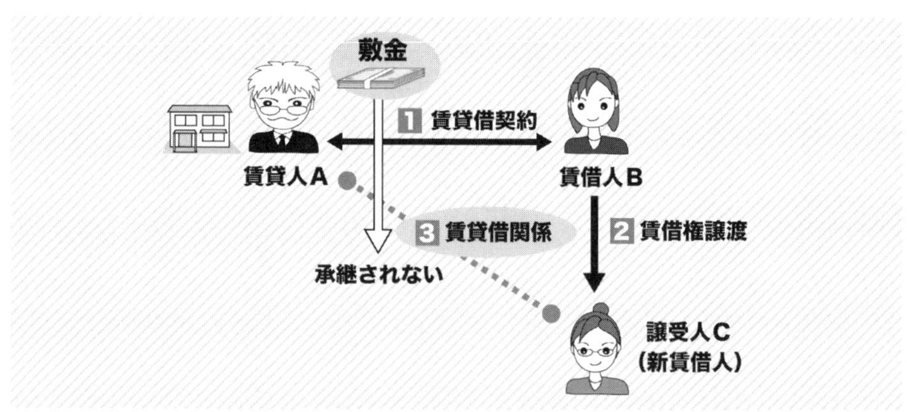

重要 敷金は承継されるか？

賃『貸』人の変更	賃『借』人の変更
承継される （賃貸人）A ―― B（賃借人） ⇓ 承継 （新賃貸人）C	承継されない （賃貸人）A ―― B（賃借人） 承継 ⇓ C（新賃借人）

サクッと○×チェック！

1 AがBに甲建物を月額10万円で賃貸し，BがAの承諾を得て甲建物をCに適法に月額15万円で転貸している場合，Aは，Bの賃料の不払いを理由に甲建物の賃貸借契約を解除するには，Cに対して，賃料支払の催告をして甲建物の賃料を支払う機会を与えなければならない。 平成28年 問8

2 AがBに甲建物を月額10万円で賃貸し，BがAの承諾を得て甲建物をCに適法に月額15万円で転貸している場合，AがBとの間で甲建物の賃貸借契約を合意解除した場合，AはCに対して，Bとの合意解除に基づいて，当然には甲建物の明渡しを求めることができない。 平成28年 問8

3 AはBにA所有の甲建物を令和５年７月１日に賃貸し，BはAの承諾を得てCに適法に甲建物を転貸し，Cが甲建物に居住している。Aは，Bとの間の賃貸借契約を合意解除した場合，解除の当時Bの債務不履行による解除権を有していたとしても，合意解除したことをもってCに対抗することはできない。 令和２年 問6

4 Aを賃貸人，Bを賃借人とする甲建物の賃貸借契約（本件契約）が令和５年７月１日に締結された場合に関して，甲建物がBに引き渡された後，甲建物の所有権がAからCに移転した場合，本件契約の敷金は，他に特段の合意がない限り，BのAに対する未払賃料債務に充当され，残額がCに承継される。 令和３年（10月） 問12

解答

1 ×　賃貸借契約が賃借人の**債務不履行（賃料不払いなど）を理由に解除された場合**，賃貸人は，賃貸借契約の終了を**転借人に対抗することができます**。具体的には，賃貸人は，転借人に対して，賃貸借契約が終わったから，転貸借契約はもう継続できません。転借人に「出て行っていただきますよ」と主張できます。

2 ○　賃貸借契約が合意解除により終了する場合，原則として，賃貸人は，転借人に「賃貸借契約が終了したから転貸借も終わりだ！　出ていけ！」と主張できません。転貸をした転貸人（賃借人）とそれに承諾を与えた賃貸人が合意で転借人を追い出すようなことがあっては困るからです。したがって，転借人は，いままでどおりに建物を借り続けることができます。賃貸人Ａは，転借人Ｃに対して，合意により解除したことをもって当然には甲建物の明渡しを求めることはできません。

3 ×　誤りとなります。問題の状況を丁寧に読みとりましょう。

4 ○　その通りです。敷金の承継についての理解を確認しましょう。

過去問の使い方については注意してください。単に「過去問を解く」ではなくて，過去問「で」勉強することを意識します。過去問と同じ問題は出ません。あくまで素材であることを知っておいてください。

ワンポイント

賃貸借，使用貸借，借家，借地を制すは，権利関係を制す！

CHAPTER 1-15の動画

https://youtu.be/LRV3Z5pbzQY

https://youtu.be/VbrCiaWtYrQ

https://youtu.be/jJyWXb8fv4Y

CHAPTER 1

16 使用貸借（民法）

★★★★★

https://youtu.be/LBgcXR7sLyo

学習日 ／ ／ ／ ／

近年の宅建試験で頻出。権利関係の最重要テーマの１つです。無償の使用貸借は，どのような特徴があるか，有償の賃貸借契約との違いに注意して整理しましょう！

サクッとおさらい！

▶ 使用貸借契約って何？（図書館で本を借りる！　聞きなれないけどヤマ!!）

使用貸借契約とは，図書館で本を借りるときのように，当事者の一方がある物を引き渡すことを**約束**し，相手方がその受け取った物について無償で使用・収益をして契約が終了した後に返還をすることを約束することによって，（物を受け渡ししなくても）その効力が生じる契約です（**諾成契約**）。

貸主は，借主が**借用物を受け取るまで**，契約の**解除**をすることができます。

ただし，**書面による使用貸借**については，借主が借用物を受け取るまでであっても，**解除はできません**。

▶ 使用貸借契約の対抗力は？（借地借家法の適用の有無）

使用貸借契約は，無償で物を借りる契約なので，借りる者を特別に保護する必要がありません。そこで，使用貸借契約には，**借地借家法の特別ルールが適用されません**。

また，**使用借権**は，**登記が認められず**，**第三者に対抗することができません**。

(!) 注意 **建物の使用貸借で使用借人が引渡しを受けていても，**使用借権を対抗できません。

▶ 期間満了による使用貸借の終了と使用貸借の解除（流れ図をチェック！）

使用貸借契約の終了と解除についての流れ図は以下の通りです。

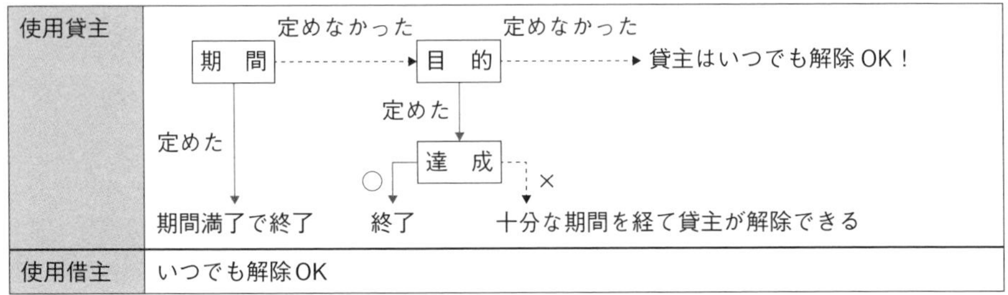

重要 **期間満了による使用貸借の終了と使用貸借の解除についてまとめると以下のようになります。**

期間満了による使用貸借の終了	・当事者が使用貸借の期間を定めたときは，使用貸借は，その期間が満了することによって終了する。 ・当事者が使用貸借の期間を定めなかった場合において，使用・収益の目的を定めたときは，使用貸借は，借主がその目的に従い使用・収益を終えることによって終了する。
使用貸借の解除	・貸主は，期間を定めなかった場合で使用・収益の目的を定めたときは，その目的に従い借主が使用・収益をするのに足りる期間を経過したときは，契約の解除をすることができる。 ・当事者が使用貸借の期間や使用・収益の目的を定めなかったときは，貸主は，いつでも契約の解除をすることができる。 ・借主は，いつでも契約の解除をすることができる（タダで借りるのをやめるだけ！）。

賃貸借と使用貸借の比較

	賃貸借	使用貸借
諾成契約か？※	諾成契約※	諾成契約※
お金を払うか？	有償（払う）	**無償（タダ）**
対抗できるか？	賃借権の登記によって対抗できる	×
通常の必要費	貸主の負担	**借主の負担**
相続するか？	賃貸人が死亡　⇒相続する 賃借人が死亡　⇒相続する	使用貸人が死亡　⇒相続する **使用借人が死亡　⇒相続しない**

※諾成契約とは，物の受渡しがなくても意思表示の合致のみで成立する契約です。

▶ 使用貸借契約は相続される？（貸主が死亡でも続く！借主が死亡で終了）

使用貸借は，**貸主の死亡**によって，**終了しません**（相続人が貸主の地位を引き継ぎます）。それに対し，使用貸借は，**借主の死亡**によって，**終了します**（使用借権は相続されません）。これは，使用借主の相続人が無償で借りる権利を承継するのは，使用貸主の意思に反することになるからです。

サクッと○×チェック！

1 Aを貸主，Bを借主として，A所有の甲土地につき，資材置場とする目的で期間を2年として，AB間で，①賃貸借契約を締結した場合と，②使用貸借契約を締結した場合，Aは，甲土地をBに引き渡す前であれば，①では口頭での契約の場合に限り自由に解除できるのに対し，②では書面で契約を締結している場合も自由に解除できる。 令和４年 **問６**

2 Aを貸主，Bを借主として，A所有の甲土地につき，資材置場とする目的で期間を2年として，AB間で，①賃貸借契約を締結した場合と，②使用貸借契約を締結した場合，Bは，①では期間内に解約する権利を留保しているときには期間内に解約の申入れをし解約することができ，②では期間内に解除する権利を留保していなくてもいつでも解除することができる。 令和４年 **問６**

解答

1 × ①は賃貸借，②は使用貸借となります。①は契約をしたので，自由には解除できません。②で解除できるかどうかを表で整理すると以下の通りです。

	受取り前	受取り後
書面によらない使用貸借	解除できる	解除できない
書面による使用貸借	解除できない	解除できない

つまり，Bは，①では期間内に解約する権利を留保しているときには期間内に解約の申入れをし解約することができ，②では期間内に解除する権利を留保していなくてもいつでも解除することができます。

2 ○ ①は賃貸借，②は使用貸借です。①の期間の定めのある賃貸借契約を契約期間の途中で**中途解約**することができるのは，解約する権利を留保した（特約で設定した）場合に限られます。②の使用貸借契約は，**借りている方**からは，**いつでも解除**することができます。図書館で借りた本をいつでも返却できるように，タダで借りている物を返すことはいつでも自由にできます。

借家（借地借家法）

★★★★★ 学習日 ／ ／ ／ ／

https://youtu.be/aS1iml7gv1s
※49頁も参照

宅建試験の権利関係で最も重要なテーマは，ズバリ借地借家法です。毎年必ず出題されており，合格者と不合格者で差がつきやすいテーマです。少々難しい問題が出題されやすいので，丁寧に学習を進めましょう！

サクッとおさらい！

▶ 賃貸借契約と更新しない旨の通知（通知しないと…）

建物の賃貸借について期間の定めがある場合において，当事者が期間の満了の1年前から6月前までの間に相手方に対して更新をしない旨の通知等をしなかったときは，従前の契約と同一の条件で契約を更新したものとみなされます。

ただし，その期間は，**定めがないもの**となります。

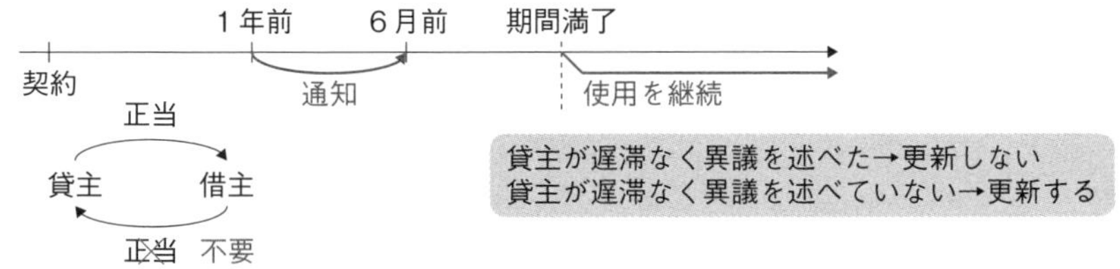

注意 正当事由（賃貸人からの更新しない旨の通知）

立退き料を支払うのみでは，通常正当事由があるとは認められません。

注意 法定更新後の契約期間

期間の定めのない賃貸借契約になります（その他は同じ条件で更新）。借家と借地で法定更新後の期間の扱いが異なります。

借家	期間の定めがない
借地　1回目の更新	20年
借地　2回目以降の更新	10年

▶ 定期建物賃貸借（権利関係最重要テーマです!!）

期間の定めがある建物の賃貸借をする場合においては，公正証書による「等」**書面**によって契約をするときに限り，契約の更新がないこととする旨を定めることができます（定期建物賃貸借）。

「**定期**」とは，期間が定められていて期間満了で契約終了することです。つまり，**更新しない**ので，再契約（による賃貸借継続）が問題となります。

重要 定期建物賃貸借はココを押さえる！

要件	下記①②が必要。違反すると「定期（更新しない）」の部分が無効となり，普通の借家契約となる※1 ①書面を交付して事前説明　⇒　電磁的方法でもよい（賃借人の承諾がある場合）※2 ②書面での契約　⇒　電磁的記録でもよい※2
契約期間	1年未満でもOK
終了時	1年以上の期間の定期建物賃貸借が終了する場合，期間満了の1年前～6カ月前までに賃貸人から賃借人への通知が必要。 通知を忘れた場合，その後に通知をしてから6カ月で契約の終了を対抗できる。
解約	居住用，200m²未満，転勤，療養，親族の介護などやむを得ない事情があれば，賃借人は解約を申し入れることができる。1カ月経過で，契約が終了する。
借賃改定	借賃改定の特約がある場合，借賃増減請求はできない。特約が優先する。

※1　定期建物賃貸借

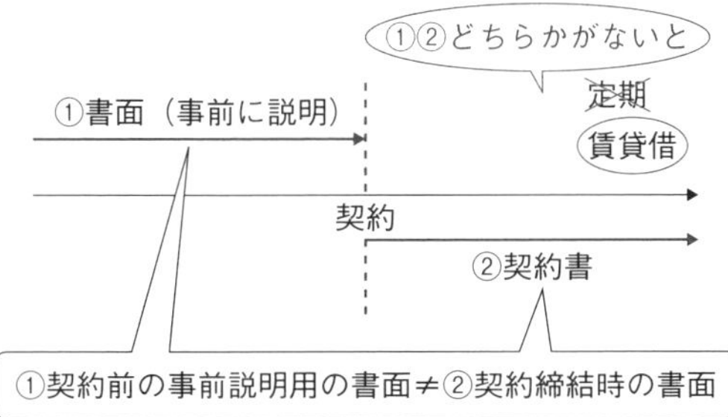

※2　電磁的方法・電磁的記録を用いた場合，書面で行ったものとみなされます。

建物の賃貸借契約まとめ

	期　間	居住用	事業用	書　面
賃貸借（民法）	上限50年	○	○	不要
借家（借地借家法）	1年以上 （又は，期間なし）	○	○	不要
定期建物賃貸借	（制限なし）	○	○	必要（2つ） ①事前 ②契約時
取壊し予定の建物賃貸借	取り壊す時まで	○	○	必要

サクッと○×チェック！

1　AがBとの間で，A所有の甲建物について，期間3年，賃料月額10万円と定めた賃貸借契約を締結した場合，AがBに対し，賃貸借契約の期間満了の6カ月前までに更新しない旨の通知をしなかったときは，AとBは，期間3年，賃料月額10万円の条件で賃貸借契約を更新したものとみなされる。 平成27年 問11

2　AがBとの間で，A所有の甲建物について，期間3年，賃料月額10万円と定めた賃貸借契約を締結した場合，AB間の賃貸借契約がBの賃料不払を理由として解除された場合，BはAに対して，Aの同意を得てBが建物に付加した造作の買取りを請求することはできない。 平成27年 問11

3　借地借家法第38条の定期建物賃貸借に関して，定期建物賃貸借契約を締結するには，公正証書による等書面によらなければならない。 平成26年 問12

4　Aは，B所有の甲建物（床面積100m^2）につき，居住を目的として，期間2年，賃料月額10万円と定めた賃貸借契約（「本件契約」）をBと締結してその日に引渡しを受けた。

BはAに対して，本件契約締結前に，契約の更新がなく，期間の満了により賃貸借が終了する旨を記載した賃貸借契約書を交付して説明すれば，本件契約を借地借家法第38条に規定する定期建物賃貸借契約として締結することができる。 令和4年 問12

解答

1 ✕ 借家の法定更新の場合，期間の定めのない賃貸借となります。

2 ○ 建物の賃貸人の同意を得て建物に付加した畳，建具その他の造作がある場合には，建物の賃借人は，建物の賃貸借が期間の満了・解約の申入れによって終了するときに，建物の賃貸人に対し，その造作を時価で買い取るべきことを請求することができます。しかし，賃借人の債務不履行によって賃貸借契約が解除された場合は，造作買取請求権を行使することはできません。**悪いことをした者の権利主張は，認められるべきではないからです。**

☞ **1**は法定更新のときの期間の扱いについて，**2**は悪いことをした者の権利主張についての理解が問われています。本試験で差がつきやすい設問です。しっかり攻略しましょう！

3 ○ **「等」に注意**して，問題を解きましょう。本問は，公正証書に限定されていません。

☞ 毎年のように出題され，得点に直結しやすい定期建物賃貸借。何も見ないで，重要ポイントをすべて説明できますか？　ぜひ完璧に仕上げて，ライバルに差をつけましょう。

4 ✕ 47頁の図の①の契約前の事前説明用の書面です。定期建物賃貸借をしようとするときは，建物の賃貸人は，あらかじめ，建物の賃借人に対し，定期建物賃貸借は契約の更新がなく，期間の満了により当該建物の賃貸借は終了することについて，その旨を記載した**書面**を交付して説明しなければなりません。この契約前の事前説明用の**書面**は，47頁の図の②契約締結時の書面（契約書）とは別個独立の書面であることが必要です。

人間は忘れる生き物です。決して頭が悪いと卑下するべからず。１回勉強したら，間を置かずに短期間で繰り返すようにしましょう。翌日の復習が効果的です。
焦らず１つひとつやるしかありません。「今日は借家！」というようにテーマを決めて集中して取り組むのがおススメです。

CHAPTER 1-17の動画

https://youtu.be/Gti9gI4_UKE

https://youtu.be/OlmvrsMOqKI

借地（借地借家法）

https://youtu.be/1E_cMsXqtl4
※56頁も参照

★★★★★ 学習日 ／ ／ ／ ／

借地は，権利関係で最重要のテーマです。少々難しい問題が出題されますので，万全の準備を整えましょう！

サクッとおさらい！

▶ 借地上の建物の譲渡を借地権設定者が承諾しないとき（①）

借地権者Bが借地上の建物を第三者Cに**譲渡**しようとする場合に，借地権設定者Aに不利となるおそれがないにもかかわらず，借地権設定者が承諾しないときは，裁判所は，**借地権者**Bの申し立てにより，借地権設定者の承諾に代わる許可を与えることができます。

したがって，第三者Cが申し立てることはできません。

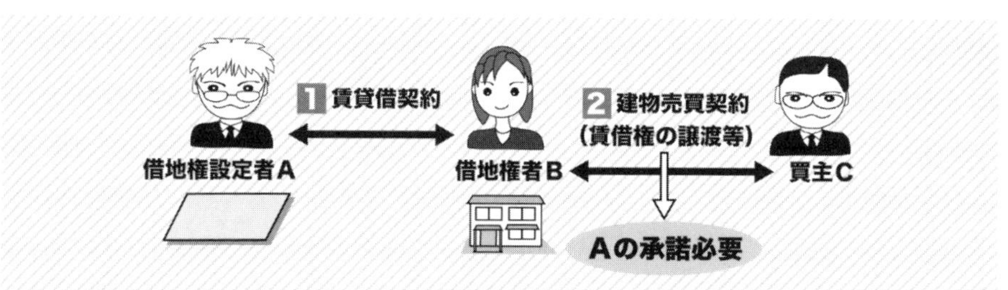

▶ 借地上の建物の競売による取得を借地権設定者が承諾しないとき（②）

第三者Cが，借地上の建物を**競売**により取得した場合，借地権設定者Aに不利となるおそれがないにもかかわらず，借地権設定者Aが承諾しないときは，裁判所は，その**第三者C（競落人）**の申立てにより，借地権設定者の承諾に代わる許可を与えることができます。

借地権者自らの意思で売却しようとする譲渡（売買）の場合と異なり，競売の場合には，強制的に競売されてしまう借地権者が申し立てることは期待できないからです。

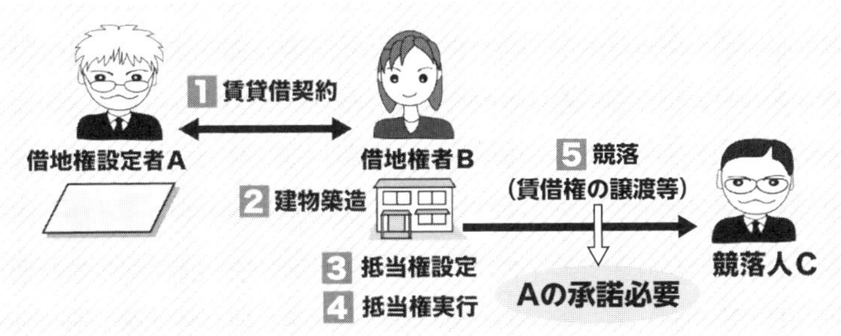

まとめ

	①借地上の建物の譲渡	②借地上の建物の競売
原則	借地権設定者の承諾が必要	
例外（申立権者）	裁判所の許可	
	借地権者	第三者（競落人）

▶ 建物の所有を目的とする土地の賃貸借契約にはどのようなものがある？

比較して整理しましょう。

	期　間	居住用	事業用，専ら事業用	書　面
賃貸借（民法）借地適用なし	上限50年	○	○	不要
借地権	30年以上	○	○	不要
定期借地権	50年以上	○	○	必要
事業用定期借地権	10年以上50年未満	×	○ 専ら事業用	公正証書

注意 **居住用建物は，事業用定期借地権では利用できません。専ら事業用の建物は，どのタイプでも利用できます。**

重要 **電磁的方法・電磁的記録の扱い【2023法改正】**

書面が要求される場面で**電磁的方法・電磁的記録**を用いた場合，**書面**で行ったものとみなされます。**電磁的記録**によって特約（定期借地権）を定めた場合，**書面**によってされたものとみなされます。

サクッと〇×チェック！①

1 借地権者が賃借権の目的である土地の上の建物を第三者に譲渡しようとする場合において，その第三者が賃借権を取得しても借地権設定者に不利となるおそれがないにもかかわらず，借地権設定者がその賃借権の譲渡を承諾しないときは，裁判所は，その第三者の申立てにより，借地権設定者の承諾に代わる許可を与えることができる。
平成23年 問11

2 AとBとの間で，A所有の甲土地につき建物所有目的で賃貸借契約を締結する場合，本件契約が専ら事業の用に供する建物の所有を目的とする場合には，公正証書によらなければ無効となる。 平成30年 問11

3 AとBとの間で，A所有の甲土地につき建物所有目的で賃貸借契約を締結する場合，本件契約が居住用の建物の所有を目的とする場合には，借地権の存続期間を20年とし，かつ，契約の更新請求をしない旨を定めても，これらの規定は無効となる。
平成30年 問11

解答

1 × 建物の「譲渡」の場合，第三者は申立てできません。

2 × **専ら事業の用**というキーワードから事業用定期借地権と思いこませるトラップ（罠）に引っかかってはいけません。多くの受験生が引っかかったところです。専ら事業の用に供する建物の所有を目的とする土地の賃貸借契約には，どのようなタイプがあるかを考えます。事業の用に供する建物の所有を目的とする土地の賃貸借について，一般の借地権（書面不要）や定期借地権（書面は何でもよい）を設定するのであれば，公正証書によらなくても有効です。たしかに事業用定期借地権とするのであれば，公正証書によらなければ無効となりますが，事業用定期借地権とは限らないことを見抜きましょう！

3 ○ 居住用に供する建物の所有を目的とする土地の賃貸借契約には，どのようなタイプがあるかを考えます。一般の借地権，定期借地権を設定することが可能です。このうち，借地権の存続期間を20年とすることができるものはありませんので，20年という契約期間は無効です。また，借地権の存続期間が満了する場合において，借地権者が契約の更新を請求したときは，建物がある場合に限り，従前の契約と同一の条件で契約を更新したものとみなされます。このルールよりも借地権者に不利な契約の更新請求をしない旨の特約は，無効となります。

▶ 借地権の対抗要件

借地権の対抗要件は，Bに借地権の登記があるか，借地上に借地権者Bの本人名義で登記されている建物を所有しているかです。いずれかを満たせば，借地権を第三者Cに対抗できます。

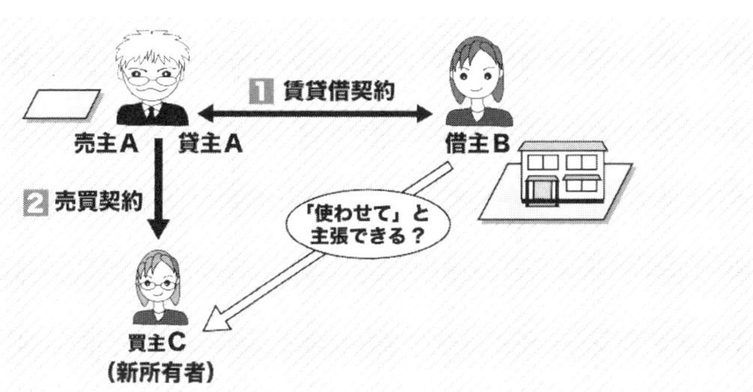

注意 **長男（子）名義等，借地権者本人以外の名義で登記をした建物を所有していても，第三者に対し，土地の賃借権を対抗することはできません。**

▶ 借地上の建物の賃借人

借地上の建物の賃借人Cが，Bの借地権の存続期間の満了によって土地を明け渡すべき場合であっても，Bの存続期間の満了を1年前までに知らなかったときは，裁判所は，建物の賃借人Cの請求により，賃借人がこれを知った日から1年を超えない範囲内において，土地の明渡しにつき相当の期限を許与することができます。

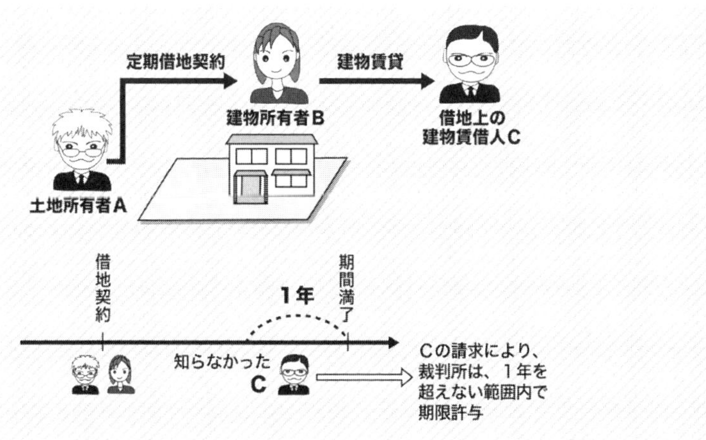

サクッと〇×チェック！②

1 Bが居住用の甲建物を所有する目的で，期間30年と定めてAから乙土地を賃借した場合，Bが甲建物を所有していても，建物保存登記をBの子D名義で備えている場合には，Aから乙土地を購入して所有権移転登記を備えたCに対して，Bは借地権を対抗することができない。 平成28年 問11

2 借地借家法第23条の借地権（事業用定期借地権）に関して，事業用定期借地権の存続期間の満了によって，その借地上の建物の賃借人が土地を明け渡さなければならないときでも，建物の賃借人がその満了をその１年前までに知らなかったときは，建物の賃借人は土地の明渡しにつき相当の期限を裁判所から許与される場合がある。 平成22年 問11

3 Bが居住用の甲建物を所有する目的で，期間30年と定めてAから乙土地を賃借した場合，AB間の賃貸借契約を公正証書で行えば，当該契約の更新がなく期間満了により終了し，終了時にはBが甲建物を収去すべき旨を有効に規定することができる。 平成28年 問11

4 甲土地につき，Bとの間で建物所有を目的とする賃貸借契約（「借地契約」）を締結する予定であるが，期間が満了した時点で，確実に借地契約が終了するようにしたい。事業の用に供する建物を所有する目的とし，期間を60年と定める場合には，契約の更新や建物の築造による存続期間の延長がない旨を書面で合意すれば，公正証書で合意しなくても，その旨を借地契約に定めることができる。 令和３年（10月）問11

5 Aは，所有している甲土地につき，Bとの間で建物所有を目的とする賃貸借契約（「借地契約」）を締結する予定であるが，期間が満了した時点で，確実に借地契約が終了するようにしたい。居住の用に供する建物を所有することを目的とする場合には，借地契約を書面で行えば，借地権を消滅させるため，借地権の設定から20年が経過した日に甲土地上の建物の所有権を相当の対価でBからAに移転する旨の特約を有効に定めることができる。 令和３年（10月）問11

解答

1 ○ 借地上の建物の登記は，借地権者本人名義でないと，借地権を対抗できません。

2 ○ どのような場面か図を描いて整理しましょう。

3 × 土地の賃貸借契約について，「契約の更新がなく期間満了により終了（＝『定期』）し，終了時にはBが甲建物を収去すべき（≒契約期間満了時の建物買取請求を認めない）旨を有効に規定することができる」のは，事業用定期借地権か定期借地権のいずれかを利用する場合です。Bは，居住用の甲建物を所有する目的なので，事業用定期借地権は利用できません。また，契約期間30年と定めるので，定期借地権（50年以上）を利用することもできません。したがって，誤りとなります。

4 ○ 事業の用の建物は全てのタイプでOKです。60年の期間設定は，借地権（書面不要）または定期借地権（書面はなんでもOK！）となります。

5 × 借地権を「消滅させるための」建物譲渡特約付き借地権（土地上の建物の所有権を相当の対価で移転する旨の特約）の期間は，30年以上となります。

☞ どのタイプの土地賃貸借・借地かを表を活用して考えていきます。必ず表で考えるという意識を持って問題にあたり続けていると，慣れたら「ほんとカンタン！」になります。こういう混乱させる問題は，ライバルに差をつけるラッキーチャンス問題です！

ワンポイント **問題を解く視点＆手順（フローチャート）**

宅建試験では，借地がどのタイプなのかを判断させる問題が出ます。その際は，「契約の期間」「建物の用途」「書面」に注目して判断します。

契約の期間	扱いが大きく異なるので，どのタイプか判断しやすい
建物の用途（居住用）	事業用定期借地だけダメ！
建物の用途（事業用）	●全てのタイプで可能。どのタイプかの決め手にはならない。 ★ 受験生をミスに誘導する，みえみえのTRAP（罠）!!
書面	●公正証書でないとダメなのは，事業用定期借地権。 ●書面が必要なのは，定期借地権 ●その他は，書面不要。書面がなくても有効。

4の場合，**事業の用に供する建物を所有する目的とし**，期間を**60年**と定める場合には，契約の更新や建物の築造による存続期間の延長がない旨を**書面**で合意すれば，公正証書で

合意しなくても，その旨を借地契約に定めることができます。

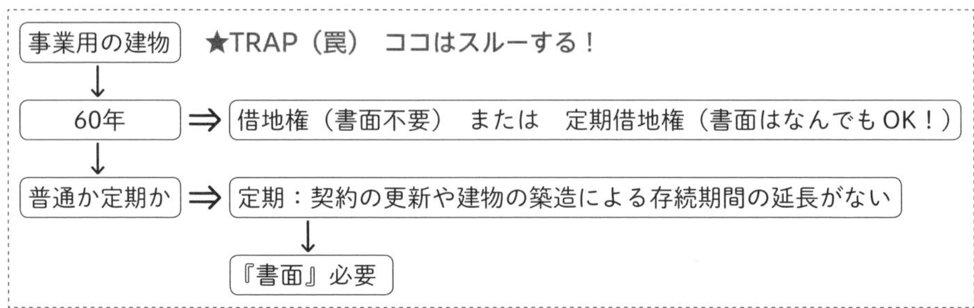

5の，**居住の用に供する建物を所有することを目的とする**場合には，借地契約を書面で行えば，借地権を消滅させるため，借地権の設定から**20年**が経過した日に甲土地上の建物の所有権を相当の対価でBからAに移転する旨の特約を有効に定めることができます。

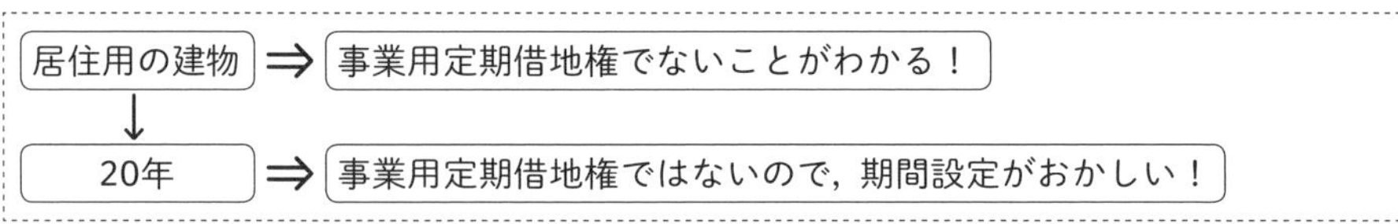

つまり，建物譲渡特約付き借地権（土地上の建物の所有権を相当の対価で移転する旨の特約）なので，30年以上で設定できます。

借地の問題は，基本知識を使いこなし，パズルを解くように解く問題が頻出です。表を使いこなして問題を解けるよう，トレーニングしておきましょう！　最初は表を見ながら問題を解くのもおすすめです！

CHAPTER 1-18の動画

https://youtu.be/KfwmJjzExMI

https://youtu.be/ieGV00Yrr2c

建物区分所有法

みやざき塾
サクッと3分トレ!

学習日 ／ ／ ／ ／

https://youtu.be/aTxzTkfS-oc
https://youtu.be/ga7vVpdYiAA

建物区分所有法は，毎年必ず１問とりやすい問題が出題されます。しっかりと準備するようにしましょう。

サクッとおさらい！

▶ 区分所有建物における床面積

各共有者の持分は，原則として，その有する**専有部分の床面積の割合**によります。

専有部分の床面積とは，壁その他の区画の**内側線**で囲まれた部分の水平投影面積（内法面積）のことをいいます。中心線ではありません。

壁その他の区画の**内側線で囲まれた部分の水平投影面積**を建物を水平に輪切りにし，上から垂直にみると図のようになります。

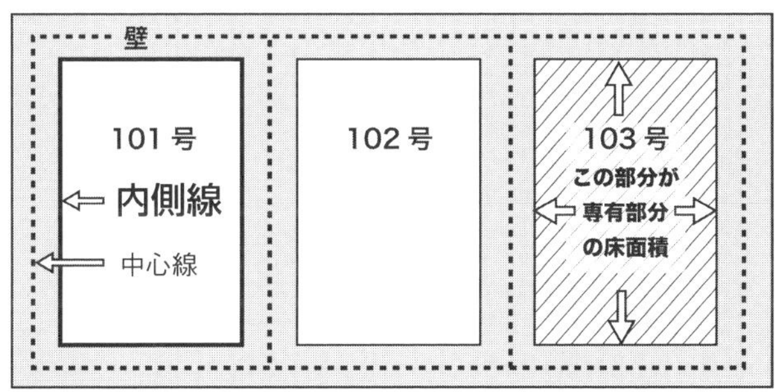

▶ 一部共用部分

一部共用部分は，例えば居住者（居住階）専用エレベーターです。共用部分は，区分所有者全員の共有に属します。一部共用部分は，原則として，これを共用すべき区分所有者の共有に属しますが，規約で別段の定めをすることにより，区分所有者全員の共有に属するとすることもできます。

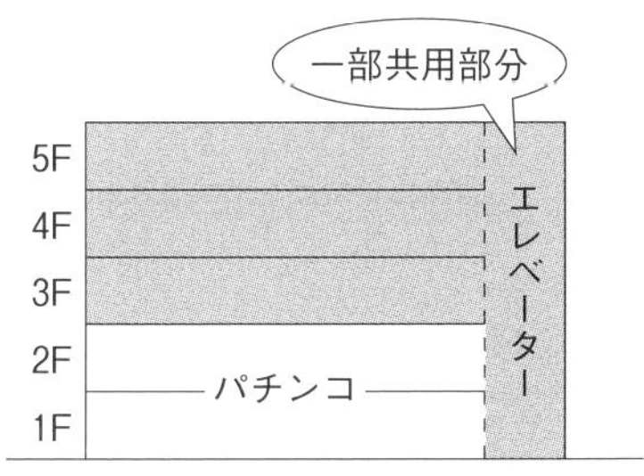

▶ 決議要件（規約の別段の定めの可否）

<table>
<tr><td rowspan="3">単独</td><td>保存行為</td><td>規約で別段の定めができる</td></tr>
<tr><td>行為の停止等の請求（訴訟外）</td><td>規約で別段の定めができない</td></tr>
<tr><td>小規模滅失の場合の復旧</td><td>・復旧，建替えの決議があったときを除く
・規約で別段の定めができる</td></tr>
<tr><td>5分の1以上</td><td>集会の招集</td><td>規約で減ずることができる</td></tr>
<tr><td rowspan="4">過半数</td><td>管理行為</td><td rowspan="4">規約で別段の定めができる</td></tr>
<tr><td>軽微変更</td></tr>
<tr><td>行為の停止等の請求訴訟</td></tr>
<tr><td>小規模滅失の場合の復旧の決議</td></tr>
<tr><td rowspan="7">4分の3以上</td><td>重大変更
共用部分の変更（その形状又は効用の著しい変更を伴わないものを除く）</td><td>区分所有者の定数は，規約で過半数まで減ずることができる
！注意 議決権の定数は，規約で減ずることはできない</td></tr>
<tr><td>管理組合の法人化</td><td rowspan="7">規約で別段の定めができない</td></tr>
<tr><td>規約の設定・変更・廃止</td></tr>
<tr><td>専有部分の使用禁止請求訴訟</td></tr>
<tr><td>専有部分及び敷地利用権の競売請求訴訟</td></tr>
<tr><td>占有者に対する契約解除・引渡請求訴訟</td></tr>
<tr><td>大規模滅失の場合の復旧決議</td></tr>
<tr><td>5分の4以上</td><td>建替え</td></tr>
</table>

GORO合わせシリーズ　集会の招集

https://youtu.be/JFpeymLBmkw

▶ 共用部分の重大変更と決議要件

共用部分の重大変更は，区分所有者及び議決権の各**4分の3以上**の多数による集会の決議で決します。

区分所有者の定数は，規約でその過半数まで減ずることができますが，**議決権**を過半数まで減ずることはできないので注意しましょう！

重要 用語の意味

軽微変更＝共用部分の変更（その形状又は効用の著しい変更を伴わないもの）
重大変更＝共用部分の変更（「その形状又は効用の著しい変更を伴わないもの」を除く）
　　　　＝共用部分の変更（「軽微変更」を除く）

注意 「過半数」と「2分の1以上」の違い

過半数	50%ピッタリを含まない。50%を超える場合。
2分の1以上	50%ピッタリを含む。50%以上の場合。

サクッと○×チェック！

1 各共有者の共用部分の持分は，規約に別段の定めがある場合を除いて，その有する専有部分の床面積の割合によるが，この床面積は壁その他の区画の中心線で囲まれた部分の水平投影面積である。 令和3年（10月）問13

2 一部共用部分は，これを共用すべき区分所有者の共有に属するが，規約で別段の定めをすることにより，区分所有者全員の共有に属するとすることもできる。
令和2年（10月）問13

3 共用部分の変更（その形状又は効用の著しい変更を伴わないものを除く。）は，区分所有者及び議決権の各4分の3以上の多数による集会の決議で決するが，規約でこの区分所有者の定数及び議決権を各過半数まで減ずることができる。 平成24年 問13

解答

1 × 中心線ではなく，「内側線」です。

2 ○ その通りです。

3 × 減ずることができるのは定数のみです。区分所有法の重要数字は，ぜひ押さえておきましょう！　準備しておけば，出題されたときに簡単に得点できます。

不動産登記法

★★★★★

学習日

https://www.youtube.com/watch?v=pprD_U48T_0

不動産登記法は，基本問題が出題された場合にはしっかりと得点できるように準備しましょう！　表題部の登記と権利部の登記の違いをしっかり理解し，それぞれの頻出項目を最低限の目標ラインにしましょう。

サクッとおさらい！

▶ 登記記録ってどんなもの？

登記記録には，表題部（表示に関する登記 例 表題登記・滅失登記・表題部変更登記（建物の増築，土地の地目の変更）・分筆・合筆登記）と権利部があります。

権利部には所有権の保存，所有権の移転，登記名義人の氏名・住所の変更の登記をする甲区と抵当権設定登記，地上権・賃借権・地役権などの登記をする乙区があります。

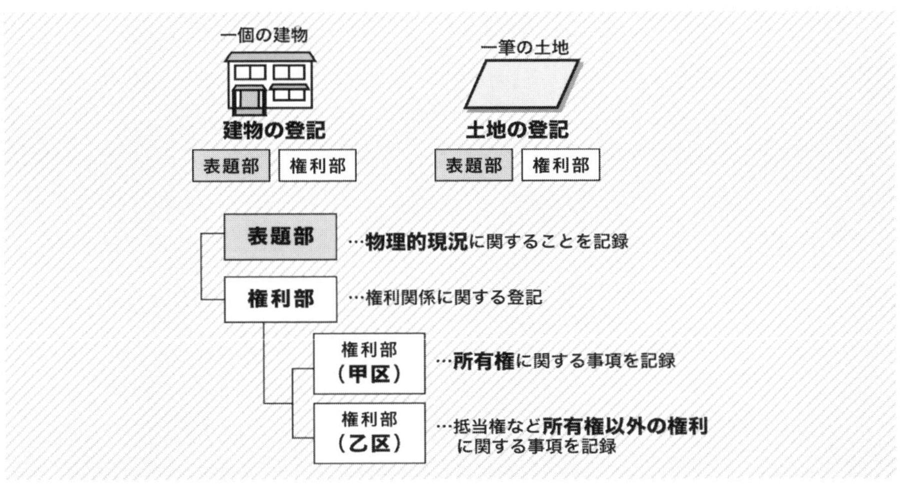

▶ 表示に関する登記と権利に関する登記の比較

	表示に関する登記	権利に関する登記
具体例	表題，滅失	所有権保存・移転，抵当権
登記の趣旨	物理的現況を公示	権利関係を公示
権利者の名称	表題部所有者	登記名義人
登記記録	表題部	権利部　甲区（所有権） 権利部　乙区（所有権以外）
申請義務	あり	なし
期間の制限	1カ月以内	なし
登記官の職権登記	原則，可能	原則，不可
対抗力	なし	あり

発展 一部地目変更分筆の登記

1筆の土地には1個の地目しか定められません。土地の一部が別の地目になった場合には地目変更登記だけでなく，一緒に土地分筆登記も申請しなければなりません。一部地目変更分筆登記をすれば，両方を済ませられます。申請義務があり，登記官が職権ですることができます。

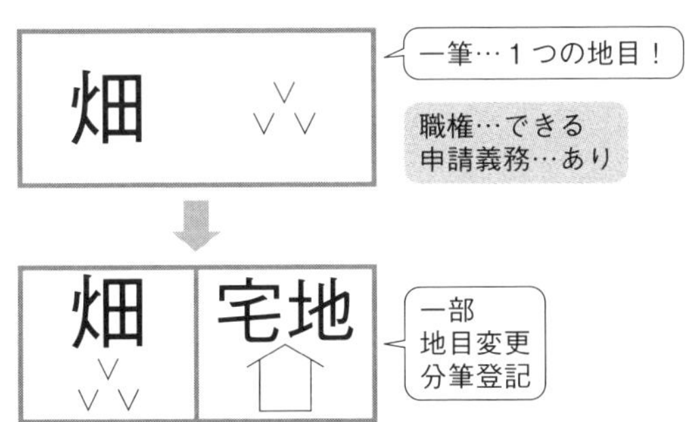

▶ 登記の申請の代理権は本人の死亡で消滅しない！（民法の例外）

民法上の原則では，本人の死亡によって代理権は消滅することになっています。しかし，登記申請のための代理権については，本人に死亡等の事由が生じても消滅しません。そのまま生前の依頼どおりに登記手続きをやり遂げても本人（相続人）にとって不利益となることはなく，むしろ本人が生前に行った売買などの物権変動についてしっかりと登記の記録をした方が，本人（相続人）の合理的な意思に合致し，有益だからです。

サクッと○×チェック！

1 登記官は，一筆の土地の一部が別の地目となったときであっても，職権で当該土地の分筆の登記をすることはできない。 令和元年 問14

2 登記の申請をする者の委任による代理人の権限は，本人の死亡によっては，消滅しない。 令和元年 問14

3 新築した建物又は区分建物以外の表題登記がない建物の所有権を取得した者は，その所有権の取得の日から１月以内に，所有権の保存の登記を申請しなければならない。 平成28年 問14

4 敷地権付き区分建物の表題部所有者から所有権を取得した者は，当該敷地権の登記名義人の承諾を得なければ，当該区分建物に係る所有権の保存の登記を申請することができない。 令和２年（10月） 問14

解答

1 × 登記官は，表題部所有者又は所有権の登記名義人による分筆の登記の申請がない場合であっても，一筆の土地の一部が別の地目となったときは，職権で当該土地の分筆の登記をしなければなりません。一筆の土地に異なる地目が混在することは認められないからです。

2 ○ 委任による登記申請のための代理権は，本人に死亡等の事由が生じても消滅しません。

3 × 所有権の保存の登記は，権利に関する登記であって，義務ではなく任意です。

4 ○ 区分建物については，表題部所有者に加えて，表題部所有者から所有権を取得した者も，**所有権の保存の登記**を申請することができます。

「表題部所有者」から「表題部所有者から所有権を取得した者」へ権利が移転している場面なので，その建物が敷地権付き区分建物であるときは，**敷地権の登記名義人の承諾**を得る必要があります。

CHAPTER 2

法令上の制限

学習管理表				
	1回目	2回目	3回目	4回目
01	/	/	/	/
02	/	/	/	/
03	/	/	/	/
04	/	/	/	/
05	/	/	/	/
06	/	/	/	/
07	/	/	/	/
08	/	/	/	/
09	/	/	/	/
10	/	/	/	/

都市計画（都市計画法）

★★★★★　学習日 ／ ／ ／ ／

https://youtu.be/36H9gz1TGPc

都市計画に関する問題は，まずはどのような街づくりのプランなのかをざっくりと理解しましょう。よくわからないままムリヤリ覚えることは，大失敗への道になりかねません。

サクッとおさらい！

▶ 特別用途地区は用途地域内で用途を補完！

特別用途地区は，用途地域内の一定の地区における当該地区の特性にふさわしい土地利用の増進，環境の保護等の特別の目的の実現を図るため当該用途地域の指定を補完して定める地区です。例えば以下のような文教地区や特別工業地区があります。

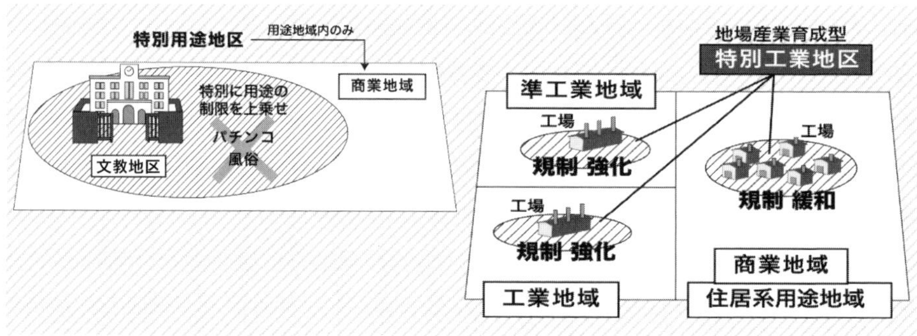

▶ 特定街区は人が集まる所に対するルールです！

特定街区は，市街地の整備改善を図るため**街区**の整備又は造成が行われる地区について，その街区内における建築物の**容積率**並びに建築物の**高さの最高限度**及び**壁面の位置**の制限を定める街区。街区ごとに，一定の空間を確保しながら，建物の大きさ（容積率），高さなどを規制し，超高層ビルの建設を可能にするためのルールです（例 東京都庁など西新宿の超高層ビル，サンシャインシティ（池袋））。

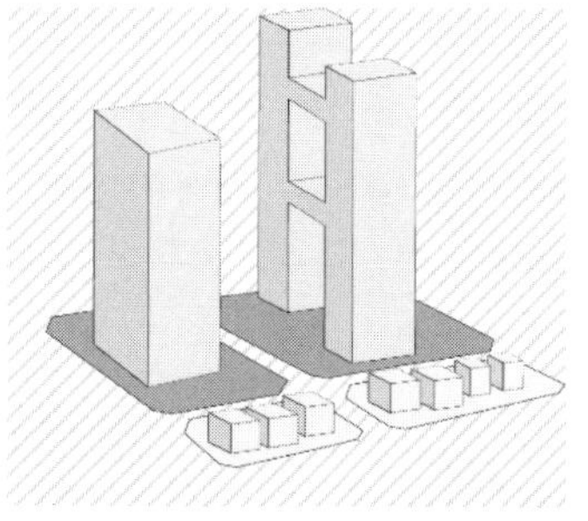

▶ 特別用途地区と特定用途制限地域はどう違うの？

特別用途地区	特定用途制限地域
街づくりを進めたい地区	勝手に街づくりをさせたくない地域
用途地域内	用途地域が定められていない土地の区域 ●区域区分のない都市計画区域 ●準都市計画区域
地区の特性にふさわしい土地利用の増進，環境の保護等の特別の目的の実現を図るために，用途地域の指定を補完する	良好な環境の形成・保持のため，地域の特性に応じて合理的な土地利用が行われるよう，特定の建築物等の用途を制限する

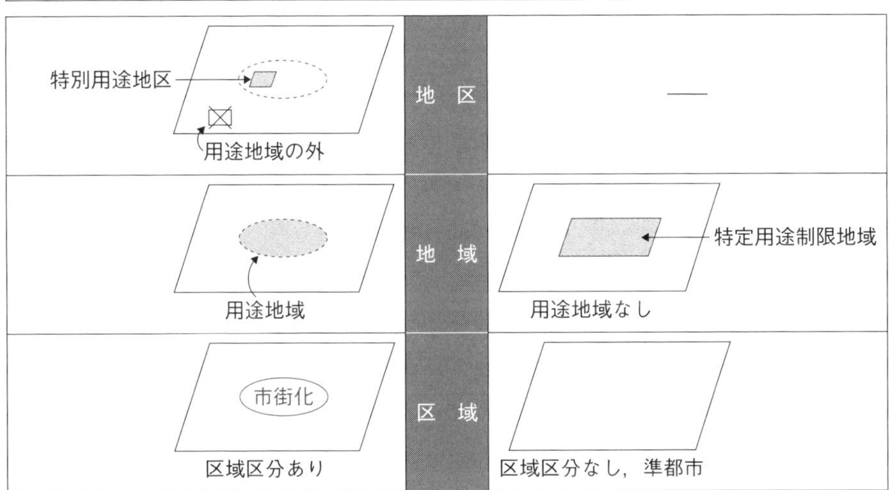

▶ 地区計画が定められる場所

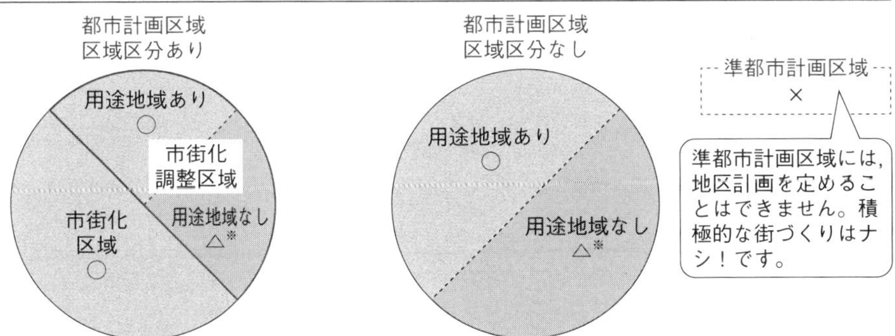

※一定の場合地区計画が定められる。　※一定の場合地区計画が定められる。

▶ 地区計画の都市計画（代表的なもの）

必ず定める	地区計画の種類，名称，位置及び区域 地区整備計画 地区施設 例 街区内の居住者等が利用する道路，公園など
努力義務にとどまる	地区計画の目標 区域の整備，開発，保全の方針 区域の面積その他の政令で定める事項

▶ 準都市計画区域ってどんな地区？

都市計画区域の外は，原則として都市計画法のルールが適用されません。そのため，都市計画区域の**外**の区域について，例えば，車の交通量が多い郊外の幹線道路沿いや高速道路のインターチェンジ周辺等において，商業用の建物等がどんどん建てられ，大規模な開発が好き勝手に行われてしまう場合があります。これをそのまま放っておくと，将来，都市計画区域に指定しようとしたときには，すでに無秩序な街になっており，手遅れになってしまうという環境悪化のおそれがあります。そこで，都市計画区域の**外**の区域のうち，そのまま土地利用を整序することなく放置すれば，将来における都市としての整備，開発及び保全に支障が生じるおそれがあると認められる区域を，準都市計画区域として指定し，土地利用の規制を行うことができます。

準都市計画区域は，都道府県が指定することができます。

▶ 準都市計画区域に定められるものとは？

イメージは，「ブレーキをかける！　好き勝手に開発をするな！　大きい建物を建てるな！」です。下の①～⑧を覚えてそれ以外はダメ！　と考えます。

① 用途地域
② 特別用途地区
③ 特定用途制限地域
④ 高度地区（高さの最高限度）
⑤ 景観地区
⑥ 風致地区
⑦ 緑地保全地域
⑧ 伝統的建造物群保存地区

☆ＧＯＲＯで覚えよう♪☆
『用途は３つ！　よっ　とっ　と！』
①用 ②特 ③特

『伝統の緑の 風 景は最高！』
⑧ ⑦ ⑥⑤ ④

ＧＯＲＯ合わせシリーズ　準都市計画区域
https://youtu.be/bWXy0I6MP2s

サクッと○×チェック！

1 特定街区については，都市計画に，建築物の容積率並びに建築物の高さの最高限度及び壁面の位置の制限を定めるものとされている。 令和元年 問15

2 特別用途地区は，用途地域が定められていない土地の区域（市街化調整区域を除く。）内において，その良好な環境の形成又は保持のため当該地域の特性に応じて合理的な土地利用が行われるよう，制限すべき特定の建築物等の用途の概要を定める地区とされている。 令和元年 問15

3 都市計画区域については，用途地域が定められていない土地の区域であっても，一定の場合には，都市計画に，地区計画を定めることができる。 平成26年 問15

4 準都市計画区域においても，用途地域が定められている土地の区域については，市街地開発事業を定めることができる。 平成26年 問15

解答

1 ○ その通り。

2 × **特定用途制限地域**に関する説明なので誤り（例 ニセコ（北海道），永平寺（福井県），下関（山口県）など）。

3 ○ 地区計画は，都市計画区域のうち用途地域が定められている土地の区域のほか，用途地域が定められていない土地の一定の区域にも定めることができます。

4 × 市街地開発事業は，市街化区域又は区域区分が定められていない都市計画区域内において，一体的に開発し，又は整備する必要がある土地の区域について定めることができます。したがって，準都市計画区域に定めることはできません。

☞ 用語の意味がわからないまま覚えることのないようにご注意ください。重要な法律用語（例 準都市計画区域，地区計画など）については，意味を理解した上で繰り返し，自然と身につけるのが理想です。

法令上の制限の分野では，８問が出題されます。その内訳は，①都市計画法２問，②建築基準法２問，③宅地造成等規制法１問，④土地区画整理法１問，⑤農地法１問，⑥国土利用計画法又はその他の諸法令から１問の出題です。点差がつきやすい分野なので，宅建業法の次に力を入れるべきです。似た問題が繰り返し出題されるので，ポイントを絞って正確な知識を身につけましょう。

開発行為（都市計画法）

★★★★★　学習日 ／　／　／　／

https://youtu.be/6qOTeEem2yA

開発許可の数字は頻出です。ゴロ合わせなども活用し，早めに正確に身につけましょう！

サクッとおさらい！

▶ 開発許可の判定はどうするの？（２段階）

以下のような２段階で判定します。

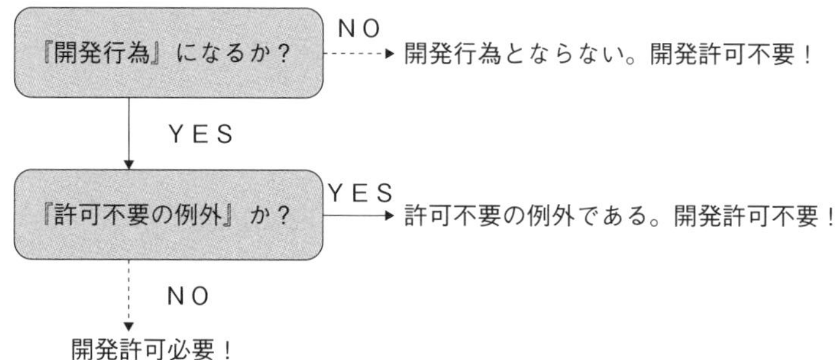

▶ 開発行為とならない代表例とは？

開発行為とならない代表例は第二種特定工作物（野外施設，観客スタンド，柵等しかない）とならない場合です。具体的には**１ヘクタール（10,000m²）未満**の庭球場，野球場，陸上競技場，遊園地，動物園，墓園が挙げられます。

▶ 開発許可が不要になる例外まとめ

開発許可が不要となる例外をまとめると以下のようになります。

	小規模開発（数字未満で不要 ピッタリは必要！）	農林漁業用（畜舎等 農林漁業者の居住用建築物）	その他	
			公益上必要（駅舎，図書館，博物館，公民館，公園施設，変電所等）	●事業の施行として ●非常災害応急措置 ●仮設建築物 ●車庫・物置など
市街化区域	1,000m^2	1,000m^2 以上で必要	不要	不要
市街化調整区域	小規模開発の例外なし	不要	不要	不要
非線引き区域（区域区分なし）	3,000m^2	不要	不要	不要
準都市計画区域	3,000m^2	不要	不要	不要
上記以外の区域（都市計画区域でも準都市計画区域でもない区域）	10,000m^2	不要	不要	不要

ワンポイント　開発許可の数字の覚え方♪

まず，市街化区域は「市（いち）」だから1,000m^2，農林漁業用も同じ1,000m^{2}と覚えます。1,000m^{2}ピッタリのときも必要です。

また，非線引き区域の「非」と準都市計画区域の「準」には，「三」が隠れているので，3,000m^{2}と覚えます。

そして，上記以外の区域の「外」には「卜（10）」が隠れているので，「10」000m^{2}と覚えます。

ＧＯＲＯ合わせシリーズ　開発許可の面積
https://youtu.be/qGC-RJA0oNM

ＧＯＲＯ合わせシリーズ　開発許可不要となる施設
https://youtu.be/xUS0u3zucJw

▶ 工事完了公告『前』の建築制限

工事完了公告前の開発区域内では，**原則**として，**建築物の建築及び特定工作物の建設が禁止**されています。建築等が行われると，開発行為の妨げになるからです。しかし，**次の3つの場合**は，**例外的**に建築等が許可されます。

①開発行為に関する**工事用の仮設建築物等**の建築
②都道府県**知事**が**支障がないと認めたとき**
③**開発行為に不同意の者**が，その権利の行使として行う建築行為

▶ 工事完了公告『後』の建築制限

原則として，工事完了公告後に，開発許可を申請した際に**予定されていた建築物等以外の建築物等を建築し，又は用途変更等により予定建築物等以外とすることはできません。**都道府県知事は，特定の建築物等を予定して，開発許可を与えているからです。しかし，これにも**次の2つ**の**例外**があります。

①開発区域内に**用途地域**が定められているとき
②都道府県**知事**が環境の保全上支障がない等の理由により**許可**したとき

(!)注意 工事完了の公告後は，開発許可申請者以外の者も，同じ扱いになります。

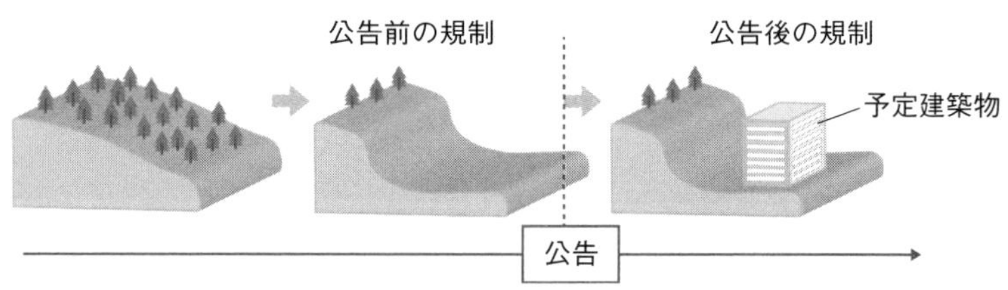

工事完了の公告『前』	公告	工事完了の公告『後』
建築 … ×	原則	予定建築物以外 … ×
①工事用仮設 ②知事 OK！ ③開発反対者	例外	①用途地域 ②知事 OK！

サクッと○×チェック！

※以下，許可を要する開発行為の面積について，条例による定めはないものとする。また，「都道府県知事」とは，地方自治法に基づく指定都市，中核市及び施行時特例市にあってはその長をいうものとする。

1 区域区分の定めのない都市計画区域内において，遊園地の建設の用に供する目的で3,000m^{2}の土地の区画形質の変更を行おうとする者は，あらかじめ，都道府県知事の許可を受けなければならない。 平成29年 問17

2 市街化区域内において，農業を営む者の居住の用に供する建築物の建築の用に供する目的で1,000m^{2}の土地の区画形質の変更を行おうとする者は，あらかじめ，都道府県知事の許可を受けなければならない。 平成29年 問17

3 開発許可を受けた開発行為又は開発行為に関する工事により，公共施設が設置されたときは，その公共施設は，協議により他の法律に基づく管理者が管理することとした場合を除き，開発許可を受けた者が管理することとされている。 平成21年 問17

4 用途地域等の定めがない土地のうち開発許可を受けた開発区域内においては，開発行為に関する工事完了の公告があった後は，都道府県知事の許可を受ければ，当該開発許可に係る予定建築物以外の建築物を新築することができる。 平成21年 問17

解答

1 ×　**開発行為**とは，**主として建築物の建築又は特定工作物の建設の用に供する目的**で行う**土地の区画形質の変更**をいいます。遊園地は，1ヘクタール（10,000m^2）以上の場合に限って（第二種）特定工作物に該当します。よって，3,000m^{2}の遊園地は，（第二種）特定工作物に該当せず，その建設のための土地の区画形質の変更は開発行為に該当しません。したがって，開発許可を受ける必要はありません。

☞ 開発行為にあたるのか？，**（あたる場合）**開発行為にあたるとして，許可不要の例外に該当しないのか？　**の2段階に分けて丁寧に理解するようにしましょう！**

2 ○　市街化区域**以外**の区域で行う開発行為で，農業・林業・漁業の用に供する政令で定める建築物又はこれらの業務を営む者の居住の用に供する建築物の建築の用に供する目的で行うものは，開発許可を受ける必要はありません。

ただし，**市街化区域**では，この例外はありません。また，市街化区域内で行われる規模1,000m^{2}未満の開発行為は，原則として開発許可を受ける必要はありません（1,000m^{2}ピッタリ以上で開発許可が必要です）。本問では市街化区域内で規模1,000m^{2}ピッタリですので，開発許可が必要です。

3 ×　開発許可を受けた開発行為により設置された公共施設は，原則として，その公共施設の存する市町村の管理に属します。例外として，他の法律に基づく管理者が別にあるとき，又は協議により管理者について別段の定めをしたときは，それらの管理者の管理に属します。

4 ○　開発許可を受けた開発区域内の建築制限です。工事完了の公告があった後は，原則として予定建築物以外の建築物を建築することはできません。ただし，都道府県知事が許可したとき又は用途地域が定められているときは，この限りではありません。

☞ **用語の意味，文の意味，考え方を丁寧に学び，理解した上で繰り返すようにしましょう。**
法令上の制限を苦手にしてしまう原因は，よくわからないままムリヤリ覚えようとすることにある場合が多いのです。

独学では，勉強仲間がいないので不安になります。スマホは集中力の敵ですが，上手く活用するとモチベーションのアップも可能です。例えば，Twitterには，たくさん勉強しているレベルの高い方が発信しているので資格になります。仲良くなると，zoomで勉強会を開催しているグループなどもあるようです。宅建みやざき塾も，Twitterで情報を随時アップしていますので，ぜひチェックしてみてくださいね！
Twitterアカウント　@takken_miyazaki

建築基準法総合（建築基準法）

★★★★★

学習日 ／ ／ ／ ／

https://youtu.be/qVt8RZlkJSU

絵（イメージ）で理解しておくと，覚える負担がほとんどなくなります。学ぶ際には，インターネットで『画像』検索をしてみることもおススメです。

サクッとおさらい！

▶ 防火地域又は準防火地域内にある建築物

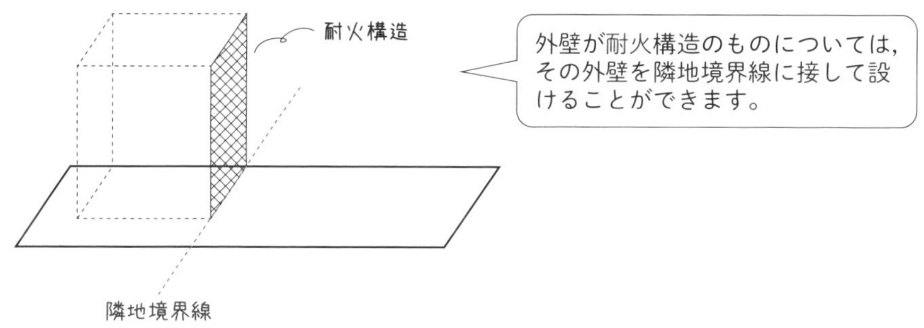

▶ 特殊建築物及び大規模建築物を新築した場合等

原則として，検査済証の交付を受けた後でなければ，その建築物を使用することができません。

例外として，次のいずれかの場合は，検査済証の交付を受けていなくても，仮使用ができます。

- 『特定行政庁』・建築主事等が，仮使用の承認をしたとき
- 大規模建築物・特殊建築物には該当しない建築物（都市計画区域，準都市計画区域において，規模が小さくても建築確認が必要となる場合）
- 完了検査の申請が受理された日から７日を経過したとき

ワンポイント 問題を解くテクニック！

特定行政庁がいいですよ！といったら，建築OK！と考える！

特定行政庁のざっくりイメージは，「建築OK！ or 建築NG！を決定する一番エライ人」！

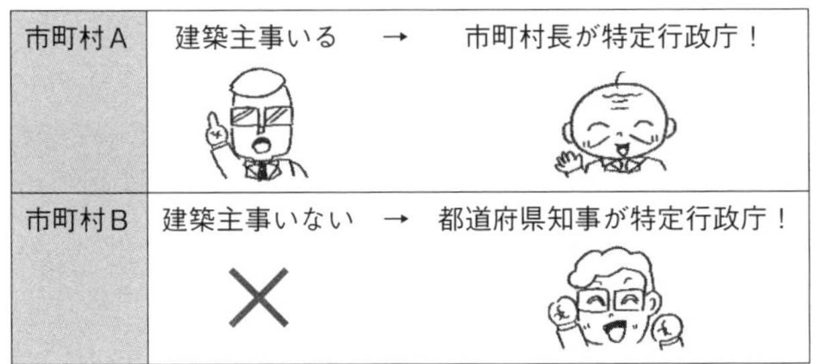

▶ 居室の規定

住宅等の一定の建築物の居室については，**採光のため**の窓その他の開口部を設け，その採光に有効な部分の面積は，その居室の床面積に対して，原則として，住宅にあっては**7分の1以上**としなければなりません。なお，地階等の一定の例外もあります。

また，居室には，**換気のため**の窓その他の開口部を設け，その換気に有効な部分の面積は，その居室の床面積に対して，原則として，**20分の1以上**としなければなりません。なお，換気設備を設けた場合の例外があります。

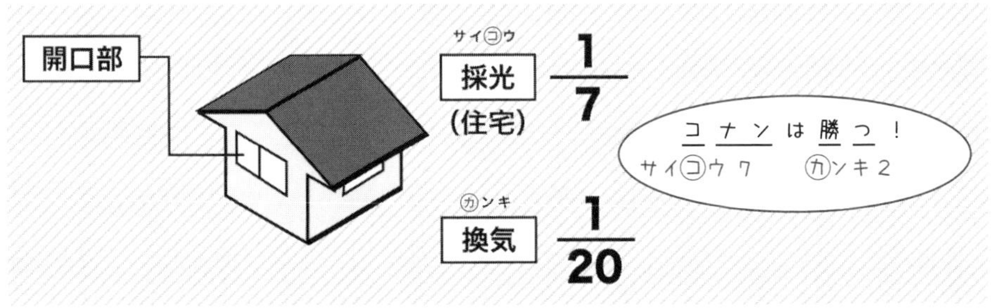

GOROあわせシリーズ　居室のルール

https://youtu.be/k3-phEY_99k

サクッと○×チェック！

1 防火地域又は準防火地域内にある建築物で，外壁が防火構造であるものについては，その外壁を隣地境界線に接して設けることができる。 令和３年（10月）問17

2 建築主は，３階建ての木造の共同住宅を新築する場合において，特定行政庁が，安全上，防火上及び避難上支障がないと認めたときは，検査済証の交付を受ける前においても，仮に，当該共同住宅を使用することができる。 令和３年（10月）問17

3 住宅の地上階における居住のための居室には，採光のための窓その他の開口部を設け，その採光に有効な部分の面積は，その居室の床面積に対して20分の１以上としなければならない。 平成26年 問17

解答

1 × 「防火」構造ではなく「耐火」構造。

2 ○ その通り。

3 × ７分の１です。

☞ 重要数字については，大体の感覚をつかんだら，ゴロ合わせなどで身につけてしまいましょう！

建築確認・単体規定（建築基準法）

https://youtu.be/6mFAWOmpMdU

★★★★★ 学習日 ／ ／ ／ ／

建築基準法の問題は，重要テーマの基本知識を丁寧に押さえましょう！　数字ものは，ゴロ合わせなどを活用して楽しく身につけましょう。

サクッとおさらい！

▶ 高さと設備

高さ20mを超える建築物には，原則として，避雷設備を設けなければなりません。高さ31mを超える建築物には，原則として，非常用の昇降機を設けなければなりません。

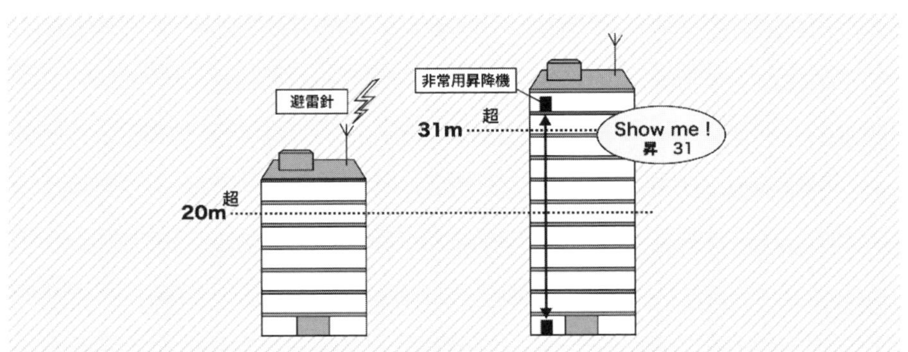

GORO合わせシリーズ　非常用の昇降機

https://youtu.be/WDKK3FTQqKw

▶ 建築確認が必要となる大規模・特殊

建築確認が必要となる場合は，**大規模**建築物で，以下の場合です。

- 新築・増改築・移転
- **大規模**修繕・模様替
- **特殊**建築物への**用途変更**（例　事務所→コンビニ，事務所→共同住宅）

木造は３階以上と覚えれば本試験では十分です。より正確に木造・大規模となるのは，３階以上，面積500m^{2}超，高さ13m超，軒高９m超のいずれかにあてはまる建物です。

また，用途変更によって，その用途に供する床面積が200m²を超える特殊建築物（例 共同住宅）にする場合，原則として建築確認が必要です。

ワンポイント 大規模・特殊の覚え方

木造	3階以上※2	
木造以外（例 鉄骨造）	2階以上※2	200m²超※3
特殊※1		200m²超※3

※1　特殊の例→200m²を超える共同住宅，コンビニ，飲食店，ホテル，倉庫等。
　注意 事務所は特殊建築物ではない。

※2　以上→ピッタリで必要

※3　超→ピッタリは不要

▶ 中間検査が必要な場合

以下の場合，中間検査を申請します。

● 3階以上の共同住宅の2階の床及びはりに鉄筋を配置する工事の工程

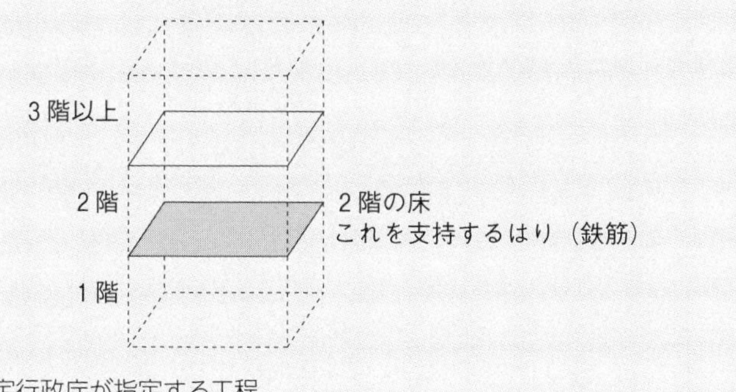

●特定行政庁が指定する工程

サクッと○×チェック！

1 高さ30mの建築物には，非常用の昇降機を設けなければならない。

令和２年（10月） **問17**

2 3階建て，延べ面積600平方メートル，高さ10mの建築物に関して，用途が事務所である当該建築物の用途を変更して共同住宅にする場合は，確認を受ける必要はない。

平成22年 **問18**

3 3階建て，延べ面積600平方メートル，高さ10mの建築物に関して，用途が共同住宅である当該建築物の工事を行う場合において，2階の床及びこれを支持するはりに鉄筋を配置する工事を終えたときは，中間検査を受ける必要がある。 平成22年 **問18**

解答

1 × 高さ31mを超える建築物には，原則として非常用の昇降機を設けなければなりません。

2 × 用途変更によって，その用途に供する床面積が200m^{2}を超える特殊建築物（例 共同住宅）にする場合，原則として建築確認が必要です。

3 ○ 建築主は，建築確認を受けるべき工事が**特定工程**（3階以上の共同住宅の2階の床及びこれを支持するはりに鉄筋を配置する工事の工程又は特定行政庁が指定する工程）を含む場合，特定工程の工事を終えた日から4日以内に建築主事に到達するように，中間検査を申請しなければなりません。

集団規定（建築基準法）

★★★★☆

https://youtu.be/KH32fnhCp9M

学習日 ／ ／ ／ ／

本試験で出題される用途制限は，実はかなり限定されています。学習対象を絞り込み，ゴロ合わせなども活用して攻略しましょう！

サクッとおさらい！

▶ 忌避施設（用途制限）

忌避施設は，原則として，**都市計画で位置が決定**していなければ建築できません。都市計画区域内においては，卸売市場，火葬場，汚物処理場，ごみ焼却場，産業廃棄物処理施設等については，用途制限の規定に適合させた上（第二種中高層住居専用地域～工業専用地域であれば，新築増築可能），都市計画で位置が決定していなければ，新築・増築をすることができません。

ただし，例外として，特定行政庁が都市計画審議会等の議を経てその敷地の位置が都市計画上支障がないと認めて許可した場合等においては，新築・増築することができます。

	1低住	2低住	田住	1中住	2中住	1住	2住	準住	近商	商	準工	工	工専
卸売市場，火葬場など忌避施設	× 忌	× 避	× 施	× 設									

×都市計画で位置決定あってもダメ　　○都市計画で位置決定あればOK！

▶ 用途制限

用途制限のうち重要なものを表にまとめます。表ごとまるっと覚えてしまいましょう！

×…『特定行政庁の許可』がなければ，建築できない

	1低住	2低住	田園住	1中住	2中住	1住	2住	準住	近商	商	準工	工	工専
幼保連携こども園，保育所，診療所等													
住宅，共同住宅 老人ホーム等													×
幼稚園～高校												×	×
専修学校，大学，病院	コ×	ロ×	ナ×									×	×
10,000m²超の店など	×	×	×	×	×	×	×	×				×	×
カラオケボックス，ダンスホール等	カ×	ラ×	オ×	ケ×	ダ×	メ×	＊1	＊1				＊1	＊1
映画館，ナイトクラブ	ミ×	ニ×	え×	い×	が×	か×	ん×	＊2				×	×
料理店，キャバレー等	×	×	×	×	×	×	×	×	×			×	×
ホテル	ミ×	ニ×	ホ×	テ×	ル×	＊3						×	×
営業用倉庫，～150m²の自動車修理工場	ト×ク	ラ×ル	ン×マ	ク×し	ル×ゅ	ー×う	ム×り						
火葬場など忌避施設	忌×	避×	施×	設×									

＊1　当該用途に供する部分の床面積の合計が10,000m²を超えるものは建築できません。

＊2　～200m²未満までであれば建築できます。

＊3　～3,000m²以下であれば建築できます。

！注意　低層住居専用地域における『店舗等』の建築できる範囲

1低住	兼用住宅で，住宅ではない部分が50m²以下（かつ延べ面積の2分の1未満）
2低住	150m²以下

▶ 低層住居専用地域，田園住居地域の２つの制限

第一種低層住居専用地域，第二種低層住居専用地域，田園住居地域では，**良好な住環境を保護する**ため，外壁の後退距離及び高さの制限があります。

外壁の後退距離	建築物の外壁又はこれに代わる柱の面から敷地境界線までの距離（外壁の後退距離）を，都市計画により，1.5m又は１ｍを限度に定めることができます。
高さの最高限度	建築物の高さの最高限度が，都市計画により，10m又は12mを限度に定められます。

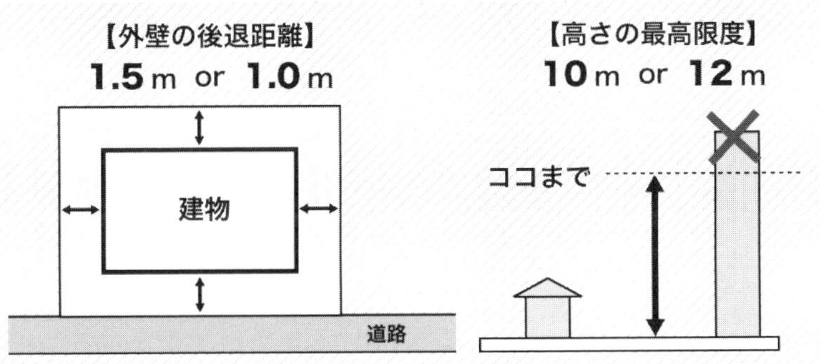

ワンポイント 考えて解く

「建築物の外壁から敷地境界線までの距離のルールは必要か？」について，「第一種住居地域」がどんなところか考えれば覚えなくても解けます。

「住居系の用途地域は，順々に１階分くらいずつ大きくなるけど，住居系の用途地域の何番目かな？」「何階くらいの建物かな？」とイメージします。５階建てくらいですね。５階建ての建物の造りをイメージすれば，コンクリート外壁だと想像できます。

また，第一種住居地域は，「専用」というワードがありませんね。そこから，住居専用ではなく，オフィスビル等も建築できるとわかります。

そうだとすると，「５階建てくらい」「コンクリート外壁」「マンションやオフィスビルの街並み」に，建物と建物の間隔をそれほど空ける必要があるでしょうか。建物を建ててはいけない空間の義務について，その土地の所有者は，納得できないでしょうね。そこから誤りと導けます。

「建物と建物の間隔をとりたい」のは，第一種・第二種低層住居専用地域，田園住居地域の低層の戸建て住宅街ですね。日当たり良好，風通し良好，お隣さんの生活音が聞こえない方が望ましい。全員一致で「建物と建物の間隔をなるべく空けましょう！」です。

サクッと○×チェック！①

1 第一種中高層住居専用地域において，火葬場を新築しようとする場合には，都市計画により敷地の位置が決定されていれば新築することができる。 平成20年 問21

2 特定行政庁が許可した場合，第一種低層住居専用地域内においても飲食店を建築することができる。 平成28年 問19

3 第一種住居地域内における建築物の外壁又はこれに代わる柱の面から敷地境界線までの距離は，当該地域に関する都市計画においてその限度が定められた場合には，当該限度以上でなければならない。 平成28年 問19

解答

1 × 第一種中高層住居専用地域には，用途制限上，そもそも火葬場を新築することができません。火葬場，卸売市場，ごみ焼却場その他の処理施設は，①用途地域の制限に適合し，その上，②原則として都市計画でその位置が決定しているものでなければ，新築することができないことに注意しましょう。

2 ○ 用語の意味を理解し，どのような場面が問題となっているか，具体的に考えて解けるようになったら合格間違いなし！ **2**は**用途制限の表の見方**を問う基本問題。木を見て森を見ずにならないようにしましょう。

第一種低層住居専用地域内においては，原則として，飲食店を建築することができません。ただし，特定行政庁が第一種低層住居専用地域における良好な住居の環境を害するおそれがないと認め，又は公益上やむを得ないと認めて許可した場合においては，この限りではありません。したがって，**特定行政庁の許可**があれば，第一種低層住居専用地域内においても飲食店を建築することができます。

3 × 第一種・第二種低層住居専用地域又は田園住居地域内においては，建築物の外壁又はこれに代わる柱の面から敷地境界線までの距離は，当該地域に関する都市計画において外壁の後退距離の限度（1.5m又は1.0m）が定められた場合においては，当該限度以上でなければなりません。この外壁の後退距離の制限（1.5m又は1.0m）は，第一種・第二種低層住居専用地域又は田園住居地域のみに適用される規制ですから，第一種住居地域には適用されません。

▶ 異なる用途地域にまたがる場合のルールのまとめ

よく似たルールは比較して整理しましょう！

- ●**用途**制限 ⇒ **過半**となる地域のルールで
- ●**建蔽率，容積率** ⇒ 敷地の面積の**割合**で計算する（按分計算）
- ●**防火・準防火** ⇒ より**厳しい方**のルールで
- ●**斜線制限等** ⇒ それぞれの区域ごとに，**別々に**判断する

▶ 敷地が異なる区域にわたる場合の斜線制限・日影規制

建築物の**敷地が異なる区域にわたる**場合，斜線制限，日影規制の適用の有無は，**それぞれの区域に属する建物の部分ごとに判断**します。隣地の日照確保や上空の空間確保のためのルールなので，区域ごとに，個別に判断することになっています。

㊀ 建築物が第二種低層住居専用地域及び第一種住居地域にわたって存する場合で，当該建築物の過半が第一種住居地域に存する場合

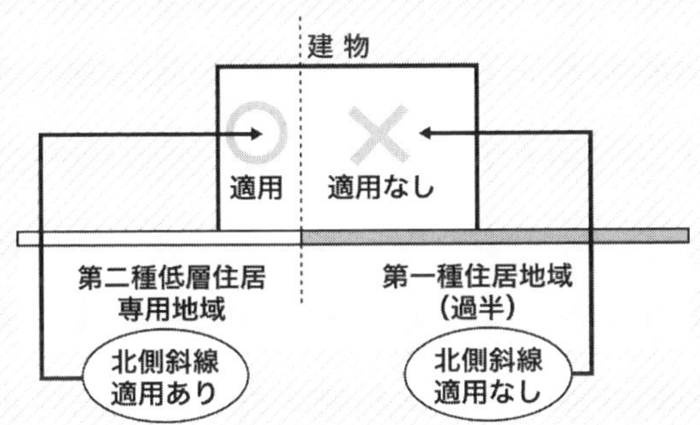

サクッと○×チェック！②

1 建築物が第二種中高層住居専用地域及び近隣商業地域にわたって存する場合で，当該建築物の過半が近隣商業地域に存する場合には，当該建築物に対して法第56条第1項第3号の規定（北側斜線制限）は適用されない。 平成25年 問18

2 建築物の敷地が第一種低層住居専用地域及び準住居地域にわたる場合で，当該敷地の過半が準住居地域に存する場合には，作業場の床面積の合計が100m²の自動車修理工場は建築可能である。 平成25年 問18

解答

1 ×　築物が斜線制限の異なる複数の地域，区域にわたる場合には，それぞれに属する部分について斜線制限が適用されます。また，北側斜線制限は，第一種・第二種低層住居専用地域，田園住居地域，第一種・第二種中高層住居専用地域で適用があります。したがって，本問の建築物の第二種中高層住居専用地域内の部分については，北側斜線制限が適用されます。

2 ○　建築物の敷地が異なる用途地域にまたがる場合，建築物の用途制限については，敷地の過半が属する地域の制限が適用されます。そして，準住居地域においては，作業場の床面積の合計が150m²を超えない自動車修理工場を建築することができます。したがって，敷地の過半が準住居地域に存する場合，作業場の床面積の合計が100m²の自動車修理工場を建築することができます。例えば，50m²が第一種低層住居専用地域に属し，150m²が準住居地域に属している場合，敷地全体について，準住居地域の用途規制が適用されます。

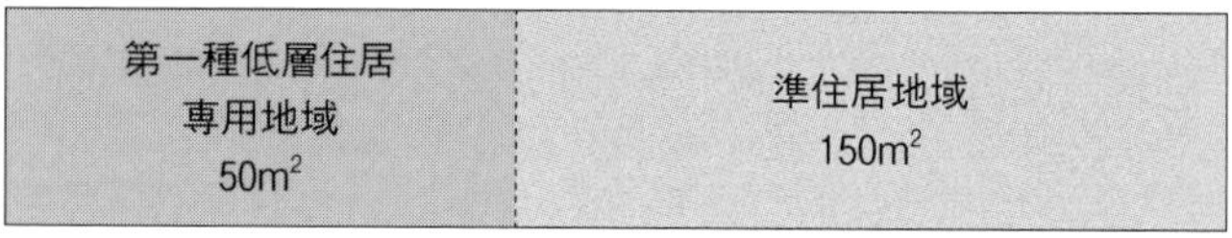

第一種低層住居専用地域 50m²	準住居地域 150m²

農地法

★★★★★

学習日 ／ ／ ／ ／

https://youtu.be/CsYUo9wQSCI

農地法は考え方を理解すれば，覚えなければならないことがほとんどなくなります。なぜ許可が必要なのか？，なぜ許可不要の例外が認められるのか？，なぜ特別ルールが認められるのか？　考え方を意識して学びましょう！

サクッとおさらい！

▶ 農地許可（原則ルール）

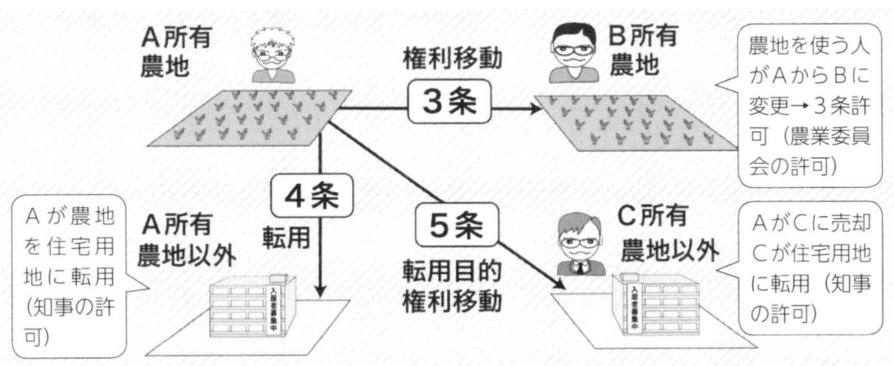

▶ 農地法の許可（市街化区域内の特則）

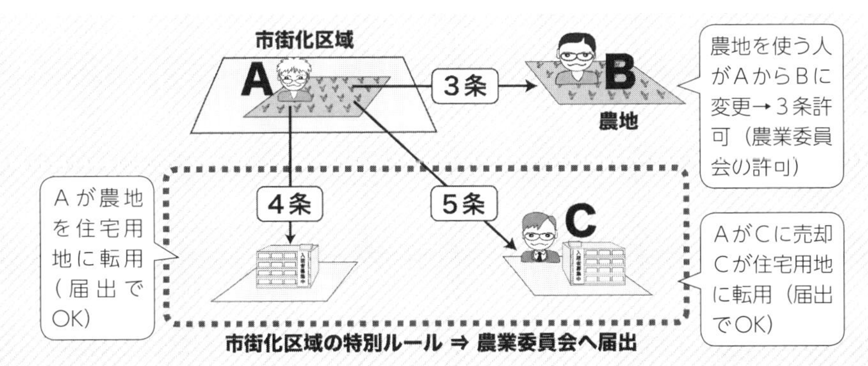

▶ 農地と抵当権（使う人が変わるか否かに注目！）

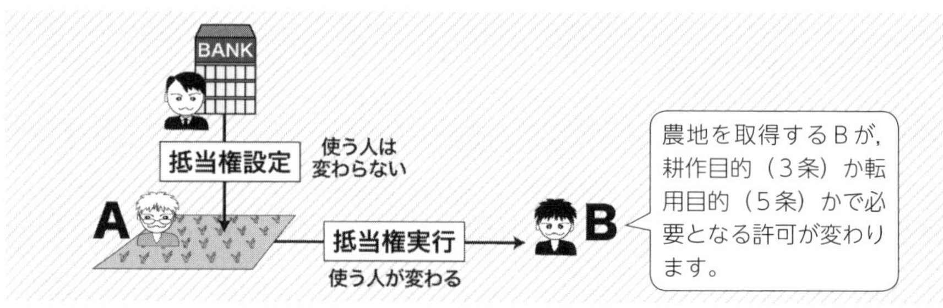

▶ 農地法上の「農地」がどうかの判断はどうする？（現況が大事！）

登記簿上の地目等とは，関係がありません。

	登記簿上の地目　農地	登記簿上の地目　農地ではない
現況　農地	農地	農地
現況　農地ではない	×	×

㊖　現況農地，登記簿上の地目山林　⇒　農地
　　現況農地，登記簿上の地目原野　⇒　農地

3条・4条・5条まとめ

	3条	4条	5条
原則	農業委員会の許可	知事の許可	知事の許可
市街化区域の特則	なし	農業委員会へ届出	農業委員会へ届出
違反行為	効力を生じない	ー	効力を生じない
	ー	原状回復命令等	原状回復命令等
罰則 懲役：3年以下 罰金：300万円以下	あり	あり	あり

サクッと○×チェック！

1　市街化区域内の農地を耕作目的で取得する場合には，あらかじめ農業委員会に届け出れば，法第3条第1項の許可を受ける必要はない。　平成27年 問22

2　農業者が住宅の改築に必要な資金を銀行から借りるため，市街化区域外の農地に抵当権の設定が行われ，その後，返済が滞ったため当該抵当権に基づき競売が行われ第

三者が当該農地を取得する場合であっても，法第3条第1項又は法第5条第1項の許可を受ける必要がある。 平成27年 問22

3 雑種地を開墾し，現に畑として耕作されている土地であっても，土地登記簿上の地目が雑種地である限り，法の適用を受ける農地には当たらない。 平成25年 問21

4 農業者が相続により取得した市街化調整区域内の農地を自己の住宅用地として転用する場合でも，法第4条第1項の許可を受ける必要がある。 平成25年 問21

解答

1 × **市街化区域内で転用（4条）又は転用目的の権利移動（5条）**をする場合には，あらかじめ**農業委員会への届出**をすれば，許可を受ける必要はありません（市街化区域内の特別ルール）。しかし，耕作目的で取得をする場合（3条）には，市街化につながらないので，原則どおり，農業委員会の許可を受ける必要があります。

2 ○ 農地に抵当権を設定しても，農地を利用する人は変わらないので，農地法3条の許可を受ける必要はありません。しかし，抵当権に基づいて農地が競売される場合は，所有権が移動することになります。したがって，耕作目的の権利移動（3条）又は転用目的の権利移動（5条）の許可を受ける必要があります。

3 × 農地法上の**農地**（耕作の目的に供される土地）であるかどうかは，**客観的な事実状態**（現況）で判断します。実際に**農業生産力**があるかどうかが，農地法上は重要だからです。

4 ○ 本問は，**相続ではなく，相続により取得した農地**を**転用**する場面が問われています。このような引っかけパターンには注意しましょう！

農地を農地以外のものにする者は，農地法4条の許可を受けなければなりません。

（相続により取得した）市街化調整区域内の農地を自己の住宅用地として転用する場合でも許可が必要です。

☞ **問題文の読み取りミスに注意しましょう。相続そのものは，問われていません。**

事後届出（国土利用計画法）

★★★★★

学習日 ／ ／ ／ ／

https://youtu.be/LL479mdrZ5w

国土利用計画法は，事後届出（23条の届出）が重要です。事後届出の手続きの流れ，事後届出の要否を最優先で攻略しましょう！

サクッとおさらい！

▶ 事後届出制の手続きの流れ（流れ図で整理！）

手続きの基本的な流れを流れ図で整理しておきましょう！

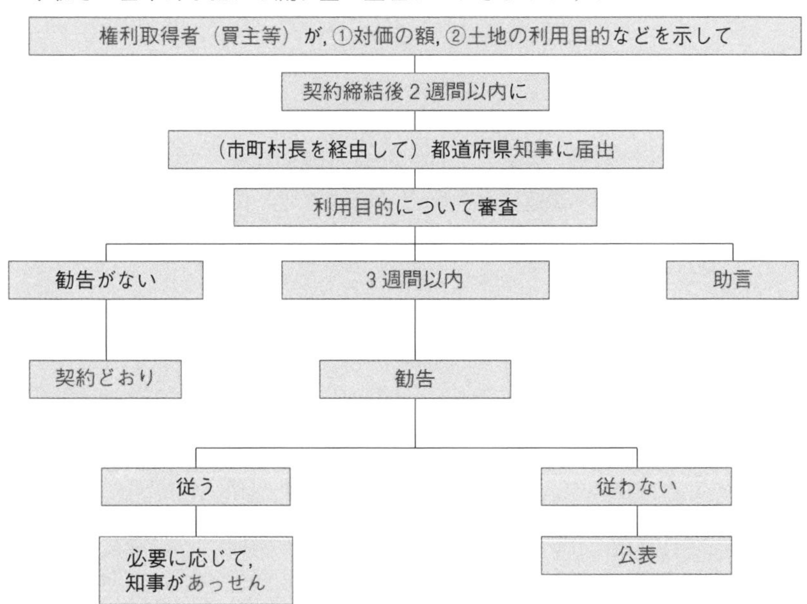

注意 事後届出

権利取得者（買主等）が行います。事後届出では，（事前届出とは異なり）権利設定者（売主等）の届出義務はありません。

▶ 土地取引に該当するか否か（対価が大事！）

土地取引に該当するもの （一定面積以上で届出必要）	土地取引に該当しないもの	（主な理由）
●売買・交換 （条件付き契約を含む）	●贈与	（対価性がない）
	●条件付き契約の『条件成就』	（契約性がない）
●売買の予約		
	●抵当権・質権の設定	（権利性がない）
●賃借権・地上権の設定・移転※ （権利設定の対価がある場合）	●賃借権・地上権の設定・移転 （権利設定の対価がない場合）	（対価性がない）
	●相続・遺産分割・遺贈	（契約性・対価性がない）
	●合併	（契約性・対価性がない）
	●時効取得	（契約性・対価性がない）

※賃借権（地上権）を設定する場合の対価性とは，賃料（地代）の支払いではなく，権利金（権利設定の対価として支払われる金銭で，返還されないもの）の支払いを意味します。交換の場合，交換差金（金銭）の授受がない場合であっても，対価性が認められます。

▶ 事後届出が必要となる取引面積（2×5＝10）

取引する面積が，下記に該当する場合は，原則として，届出が必要となります。

・市街化区域	2,000m²以上
・市街化調整区域 ・区域区分の定めのない都市計画区域	5,000m²以上
・都市計画区域外 ※準都市計画区域を含む	10,000m²以上

逆に言えば，市街化区域では2,000m²未満，市街化調整区域と区域区分のない都市計画区域では5,000m²未満，都市計画区域外では10,000m²未満の土地について，**届出が不要**です。

ワンポイント 覚え方

2×5＝10（にごじゅう）と覚えます。

都市計画区域	区域区分のない都市計画区域	
調整区域　5,000m²	5,000m²	外　10,000m²
市街化区域　2,000m²		準都市　10,000m²

GOROの合わせシリーズ　事後届出が必要な面積

https://youtu.be/aOSzp3b6xfQ

サクッと〇×チェック！

1 国土利用計画法第23条の届出（「事後届出」）に関して，事後届出に係る土地の利用目的について，甲県知事から勧告を受けた宅地建物取引業者Aがその勧告に従わないときは，甲県知事は，その旨及びその勧告の内容を公表することができる。

平成30年 問15

2 国土利用計画法第23条の届出（「事後届出」）に関して，乙県が所有する都市計画区域内の土地（面積6,000m^2）を買い受けた者は，売買契約を締結した日から起算して2週間以内に，事後届出を行わなければならない。 平成30年 問15

3 国土利用計画法第23条の事後届出（「事後届出」）に関して，都市計画区域外においてAが所有する面積12,000m^{2}の土地について，Aの死亡により当該土地を相続したBは，事後届出を行う必要はない。 平成27年 問21

4 国土利用計画法第23条の事後届出（「事後届出」）に関して，市街化区域に所在する一団の土地である甲土地（面積1,500m^2）と乙土地（面積1,500m^2）について，甲土地については売買によって所有権を取得し，乙土地については対価の授受を伴わず賃借権の設定を受けたAは，事後届出を行わなければならない。 平成27年 問21

解答

1 ○ 都道府県知事は，事後届出をした者に対して，その届出に係る土地の利用目的について必要な変更をすべきことを勧告した場合において，その勧告を受けた者がその勧告に従わないときは，その旨及びその勧告の内容を公表することができます。

2 × 当事者の一方（売主，買主等）が国，地方公共団体等である場合は，届出をする必要はありません。

3 ○ 土地売買等の契約を締結した場合には，権利取得者は，その契約を締結した日から起算して2週間以内に，都道府県知事に届け出なければなりません。しかし，**相続**の場合は，届出をする必要はありません。

4 × 市街化区域においては，2,000m^{2}以上の土地について土地売買等の契約を締結した場合に，事後届出をする必要があります。乙土地については対価の授受を伴わない賃借権の設定を行っており，「土地売買等の契約」に該当しないため，事後届出の要否を判断する際の面積には算入しません。そして，残る甲土地は1,500m^{2}であり，2,000m^{2}に満たないため，事後届出は不要です。

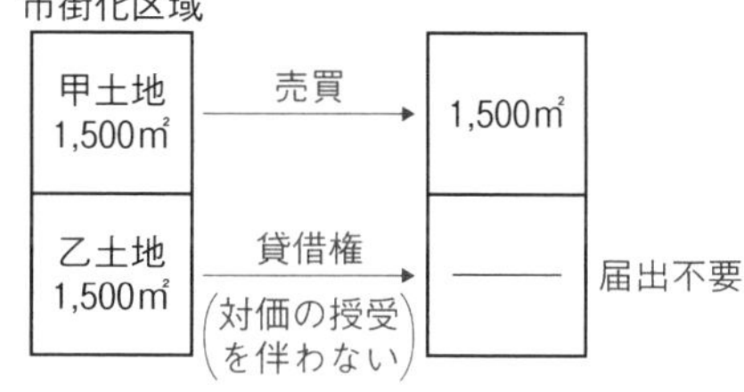

☞ 一見難しそうな問題でも，図を描きながら考えると問題を解く糸口を見出せることが多くあります。よくわからない場合には，図を描いて考えるヒントを見つけましょう！

宅地造成等規制法

https://youtu.be/LmiiN7gblO8

★★★★★ 学習日 ／ ／ ／ ／

出題範囲が狭く，学習する事項がそれほど多くないにもかかわらず，本試験で差がつきやすいのが宅地造成等規制法です。

サクッとおさらい！

▶ 届出が必要となる場合（規制区域）

届出が必要となる場合	届出の期間
a　規制区域指定の際，当該区域内において行われている宅地造成に関する工事の造成主	指定があった日から21日以内
b　規制区域内で，宅地以外の土地を宅地に転用した者（許可を要する場合を除く）	転用した日から14日以内
c　規制区域内で，高さ２mを超える擁壁又は排水施設の全部又は一部の除却工事をする者（許可を要する場合を除く）	工事に着手する日の14日前まで

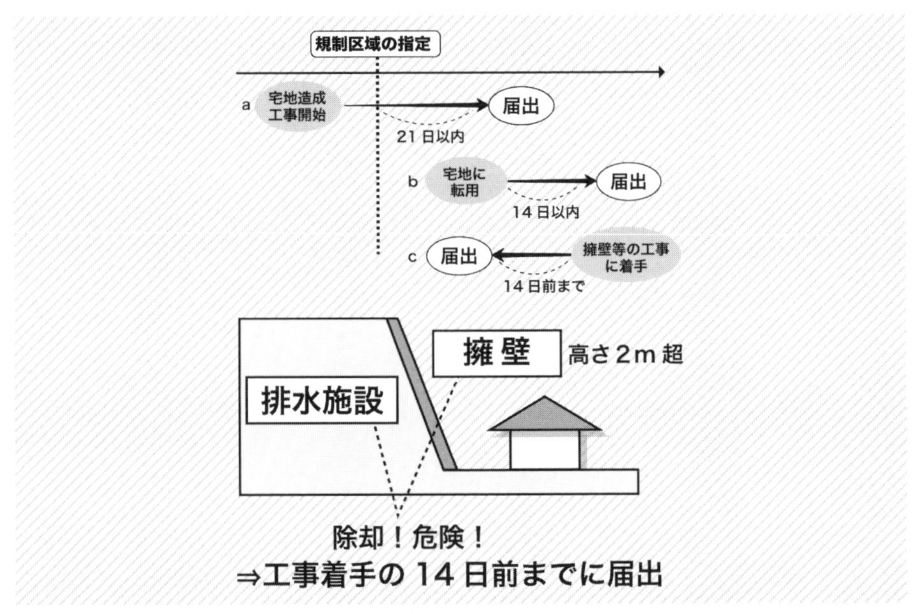

▶ 宅地造成にあたるもの（盛土・切土）

①**盛土**であって，当該盛土をした土地の部分に高さが**1m**を超える崖を生ずることとなるもの

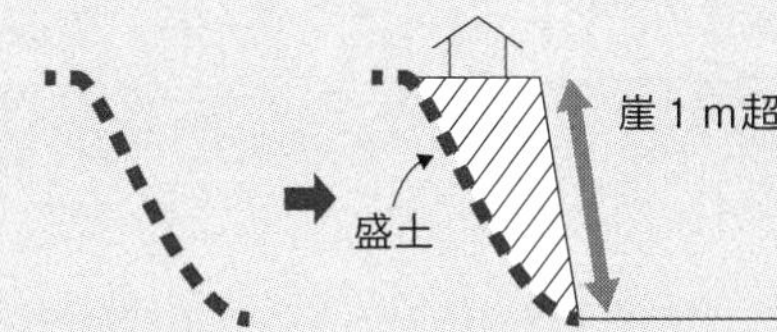

②**切土**であって，当該切土をした土地の部分に高さが**2m**を超える崖を生ずることとなるもの

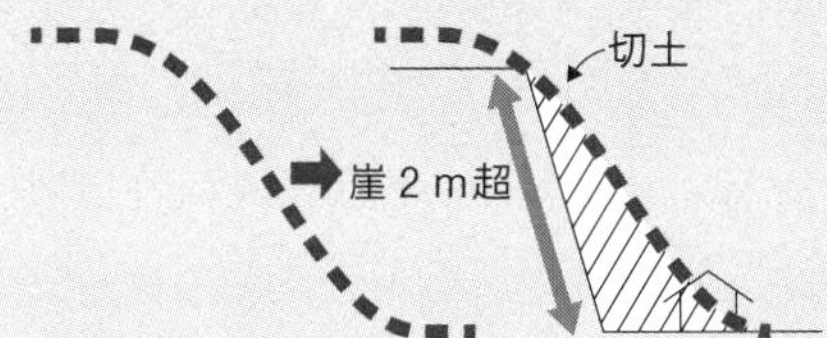

③**切土**と**盛土**とを同時にする場合における盛土であって，当該盛土をした土地の部分に高さが1m以下の崖を生じ，かつ，当該切土及び盛土をした土地の部分に高さが**2m**を超える崖を生ずることとなるもの

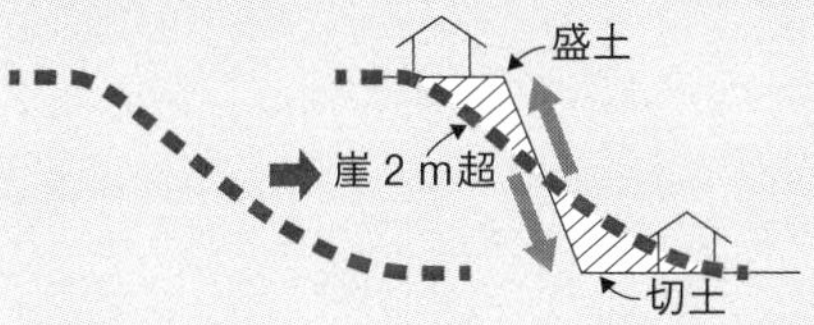

④いずれにも該当しない切土又は盛土であって，当該切土又は盛土をする土地の**面積**が**500m²を超える**もの

ＧＯＲＯ合わせシリーズ　宅地造成

https://youtu.be/g0v3hBgVX_A

▶ 造成宅地防災区域の指定等（コトバに注意！）

都道府県知事は，必要があるときは，関係市町村長の意見を聴いて，宅地造成に伴う災害で相当数の居住者その他の者に危害を生ずるものの発生のおそれが大きい一団の造成宅地の区域を，**造成宅地防災区域**として指定することができます。**従来から存在する造成宅地（宅地造成に関する工事が施行された宅地）**で，危険性の高い地域について，安全確保の対策を行うために指定されるものです。

重要 **新規の造成を規制する規制区域内においては，造成宅地防災区域を指定することができません。**

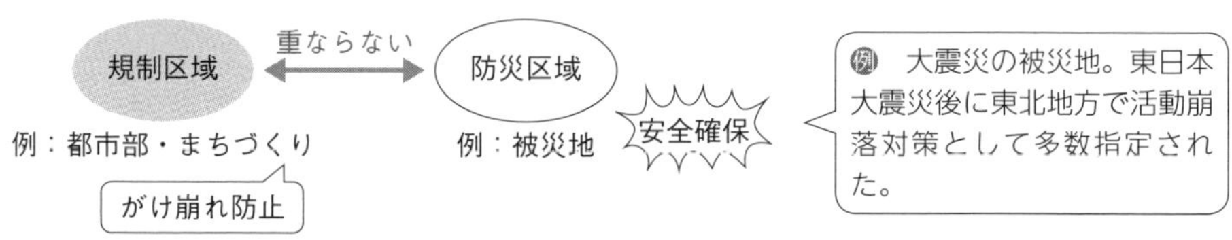

サクッと〇×チェック！

※「都道府県知事」とは，地方自治法に基づく指定都市，中核市及び施行時特例市にあってはその長をいうものとする。

1 宅地造成工事規制区域の指定の際に，当該宅地造成工事規制区域内において宅地造成工事を行っている者は，当該工事について改めて都道府県知事の許可を受けなければならない。 平成27年 問19

2 宅地造成工事規制区域内において，宅地を造成するために切土をする土地の面積が500m²であって盛土が生じない場合，切土をした部分に生じる崖の高さが1.5mであれば，都道府県知事の許可は必要ない。 平成27年 問19

3 宅地造成工事規制区域内において，宅地を宅地以外の土地にするために行われる切土であって，当該切土をする土地の面積が600m²で，かつ，高さ３mの崖を生ずることとなるものに関する工事については，都道府県知事の許可は必要ない。
平成26年 問19

4 宅地造成工事規制区域内において行われる宅地造成に関する工事の許可を受けた者は，国土交通省令で定める軽微な変更を除き，当該工事の計画を変更しようとするときは，遅滞なく，その旨を都道府県知事に届け出なければならない。 平成26年 問19

5 都道府県知事は，宅地造成に伴い災害が生ずるおそれが大きい市街地又は市街地となろうとする土地の区域であって，宅地造成に関する工事について規制を行う必要があるものを，造成宅地防災区域として指定することができる。 令和元年 問19

解答

1 ×　宅地造成工事規制区域の指定の際，当該宅地造成工事規制区域内において行われている宅地造成に関する工事の造成主は，その**指定があった日から21日以内**に，当該工事について都道府県知事に**届け出**なければなりません。許可を受ける必要はありません。

2 ○　宅地造成にあたるのは，①**盛土**であって，当該盛土をした土地の部分に高さが**1m**を超える崖を生ずることとなるもの，②**切土**であって，当該切土をした土地の部分に高さが**2m**を超える崖を生ずることとなるもの，③**切土と盛土**とを同時にする場合における盛土であって，当該盛土をした土地の部分に高さが1m以下の崖を生じ，かつ，当該切土及び盛土をした土地の部分に高さが**2m**を超える崖を生ずることとなるもの，④いずれにも該当しない切土又は盛土であって，当該切土又は盛土をする土地の面積が**500m²を超える**ものです。したがって，切土で1.5mの崖を生じ，面積が500m²ジャストの本問の工事は，これにあたりません。

3 ○　宅地造成工事規制区域内において宅地造成を行う場合，原則として，都道府県知事の許可が必要となります。

宅地造成とは，宅地以外の土地を宅地にするため又は宅地において行う土地の形質の変更で政令が定めるものをいい，宅地を**宅地以外の土地にするため**に行うものは**除きます**。したがって，宅地以外の土地にするための工事は，工事の規模にかかわらず，都道府県知事の許可は必要ありません。

重要 **宅地造成**に該当しうる土地の形質の変更

宅地以外 → 宅地	○
宅地 → 宅地	○
宅地 → 宅地以外	×
宅地以外 → 宅地以外	×

4 ×　宅地造成に関する工事について許可を受けた者は，当該工事の計画を変更しようとするときは，都道府県**知事の許可**を受けなければなりません。ただし，**軽微な変更**については，許可を受けた工事内容そのものには変更がないので，遅滞なく，事後に都道府県**知事に届け出**れば十分の扱いとなっています。

重要 変更と軽微な変更

変更	許可
軽微な変更 (a．造成主，設計者，工事施行者の変更 b．工事の着手予定年月日，工事の完了予定年月日の変更)	届出

5 × 宅地造成等規制区域の説明です。

「盛土規制法」について

2021年，静岡県熱海市で大雨に伴って盛土が崩落し，大規模な土石流災害が発生したことや，危険な盛土等に関する法律による規制が必ずしも十分でないエリアが存在していること等を踏まえ，土地の用途にかかわらず，危険な盛土等を包括的に規制する盛土規制法が2022年５月に公布されました。施行期日は2023年５月26日なので，2023年の宅建試験には関係しませんが，2024年以降は改正後の内容が出題されます。

改正法では，主に以下の点について，新設又は一部改正されています。

・宅地造成，特定盛土等又は土石の堆積（以下「宅地造成等」という。）の規模要件
・災害の発生のおそれがないと認められる工事（許可不要工事）
・宅地造成等に関する工事の技術的基準
・中間検査・定期報告の規模要件，中間検査の対象となる特定工程等
・上記の他，盛土規制法の施行に伴う所要の改正

詳しくはストアーズ宅建みやざき塾の本書ご案内ページをごらんください。（2024年２月以降掲載，確認方法は詳しくはⅲ頁参照）。

土地区画整理法

https://youtu.be/xEQiBDBTCr8

★★★★☆

学習日 ／ ／ ／ ／

土地区画整理法は，法律専門用語が少々難しいこともあり受験生が苦手にしやすいテーマです。ゼロから学びなおすつもりで，YouTube宅建みやざき塾の動画講義を御視聴ください。

サクッとおさらい！

▶ 知事（認可権者）の認可が必要となる場合（組合施行）

- 組合設立
- 換地計画
- 解散

本試験で狙われやすい知事（認可権者）の認可が必要となる場合に関する問題は頻出です。どのような場面が問われているのか，理解を心がけましょう！

▶ 土地区画整理事業

土地区画整理事業とは，**都市計画区域内**の土地について，**道路**，公園，広場，河川など**公共施設の整備**・改善及び**宅地**の利用増進を図るために行われる，**土地の区画形質の変更**（造成工事，池沼の埋立て等）及び**公共施設の新設**・**変更**に関する**事業**をいいます。

土地の区画整理には，いろいろなタイプがあり，土地区画整理事業としてではなく実施される土地区画整理もあります（土地区画整理法の適用がない単なる土木工事）。

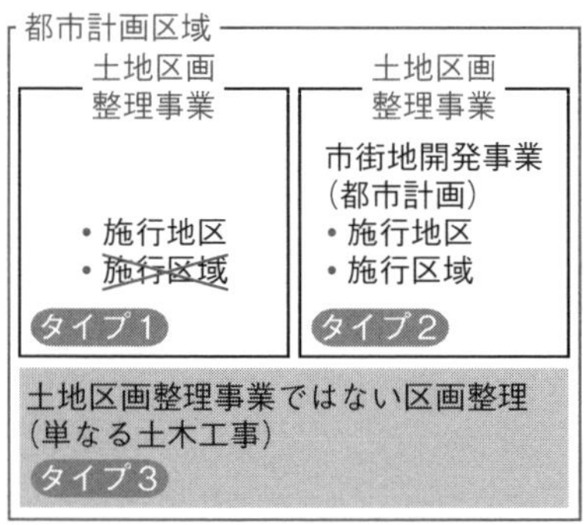

土地区画整理法の適用
↓
タイプ1（個人・組合・会社・~~公的~~）
タイプ2（個人・組合・会社・公的）

都市計画区域外の都市施設→タイプ4
（単なる土木工事）

! 注意 図のタイプ3，タイプ4は，施行地区ではなく，土地区画整理法の適用がありません。単なる土木工事（道路づくり，宅地造成）です。

重要 基本用語を理解しよう

施行地区とは，土地区画整理事業を施行する土地の場所をいいます。**施行区域**とは，施行地区のうち，**都市計画法による市街地開発事業**として，**都市計画に定められた土地区画整理事業を施行する場所**をいいます。

	タイプ1 施行地区 施行区域ではない 市街地開発事業（都市計画）ではない	タイプ2 施行地区 施行区域 市街地開発事業（都市計画）
個人施行	○	○
組合施行	○	○
会社施行	○	○
公的施行	×	○

▶ 組合員となる者

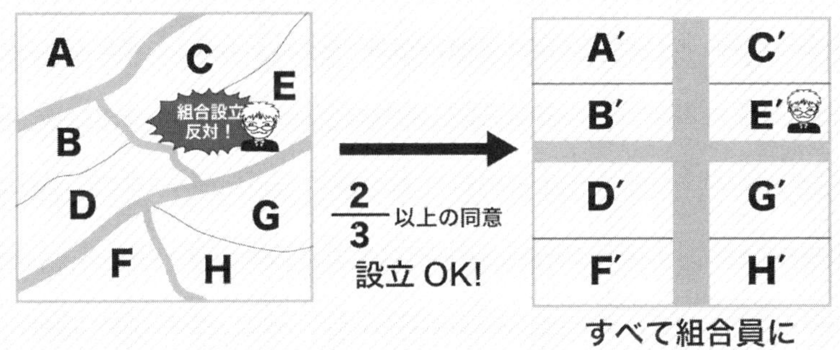

サクッと○×チェック！①

1 土地区画整理組合は，総会の議決により解散しようとする場合において，その解散について，認可権者の認可を受けなければならない。 平成24年 問21

2 土地区画整理組合は，土地区画整理事業について都市計画に定められた施行区域外において，土地区画整理事業を施行することはできない。 平成24年 問21

3 土地区画整理組合を設立しようとする者は，事業計画の決定に先立って土地区画整理組合を設立する必要があると認める場合においては，7人以上共同して，定款及び事業基本方針を定め，その土地区画整理組合の設立について都道府県知事の認可を受

けることができる。 平成29年 問21

4 土地区画整理組合が施行する土地区画整理事業に係る施行地区内の宅地について借地権のみを有する者は，その土地区画整理組合の組合員とはならない。
平成29年 問21

解答

1 ○ 土地区画整理組合は，総会の議決等の事由により解散しようとする場合においては，その解散について都道府県知事の認可を受けなければなりません。

2 × 宅地について所有権又は借地権を有する者が設立する土地区画整理組合は，当該権利の目的である宅地を含む一定の区域の土地について「土地区画整理事業」を施行することができます。この場合，都市計画で定められた「施行区域」「以外」の土地でも施行することができます。

3 ○ 土地区画整理組合を設立しようとする者は，**7人以上**共同して，定款及び事業計画を定め，その組合の設立について都道府県知事の認可を受けなければなりません。

ただし，事業計画の決定に先立って組合を設立する必要があると認める場合は，土地区画整理組合を設立しようとする者は，7人以上共同して，定款及び事業基本方針を定め，その組合の設立について都道府県知事の認可を受けることができます。

4 × 土地区画整理組合が施行する土地区画整理事業に係る施行地区内の宅地について所有権又は借地権を有する者（土地の権利を有する者）は，**すべて**その組合の組合員となります。

したがって，借地権のみを有する者も組合員となります。なお，建物を借りているだけの借家人は，土地の権利がないので，組合員にはなりません。

☞ **組合施行の利用割合も高く（約65%），宅建試験で頻出です。組合施行関係の重要ポイントは優先して押さえておきましょう！**

▶ 建築等の制限

組合設立の認可等の公告があった後，**換地処分の公告**があるまでの間は，施行者の事業の障害とならないよう，施行地区内において，次の建築等の規制が行われます。

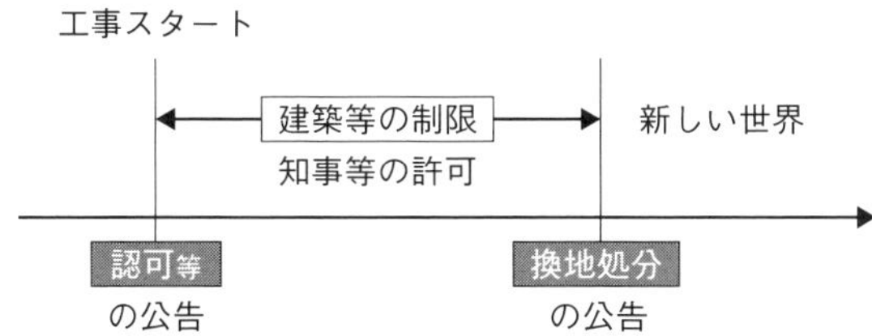

① **許可が必要となる行為**

事業の施行の障害となるおそれのある	a．土地の形質の変更 b．建築物その他の工作物の新築・改築・増築
5トンを超える移動の容易でない物件（資材など）の設置・堆積	

② **許可権者**

国土交通大臣施行の場合	国土交通大臣
その他の場合	**都道府県知事**

※**市の区域内**で，個人・組合・会社・市が施行する場合には，当該**市の長**

▶ 地役権はどうなる？

施行地区内の宅地について存する地役権は，換地処分の公告があった日の翌日以後においても，なお従前の宅地の上に存します。

ただし，土地区画整理事業の施行により行使する利益がなくなった地役権は，換地処分の公告があった日が終了した時において消滅します。

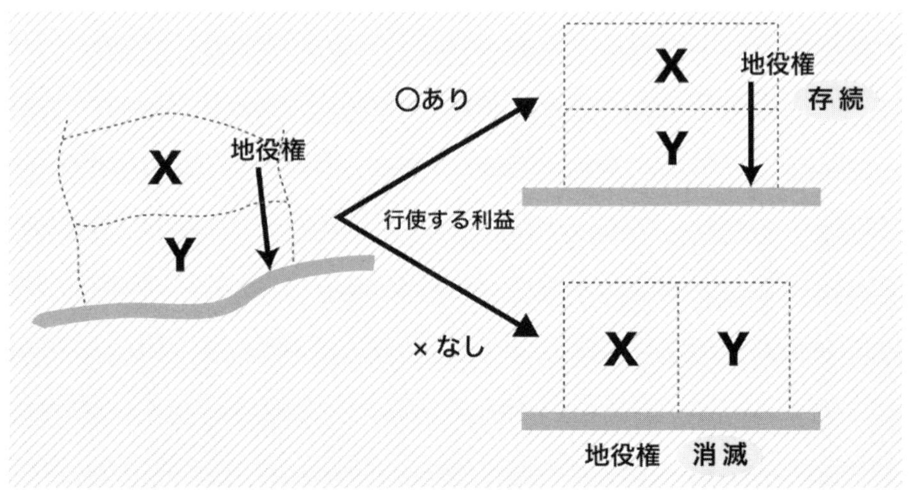

▶ 換地処分の公告の日の翌日以降

公共施設（例 道路）の管理は，原則として，その公共施設の存する**市町村の管理**に属します（例外あり）。

公共施設用地の帰属（誰が所有するか）は，原則として，その**公共施設を管理する者**（市町村など）に帰属します（例外あり）。

GOROの合わせシリーズ
完了公告後の公共施設の管理（開発行為とほぼ同じ）
https://youtu.be/7SzqvgRgwlE

サクッと〇×チェック！②

1 土地区画整理組合の設立の認可の公告があった日以後，換地処分の公告がある日までは，施行地区内において，土地区画整理事業の施行の障害となるおそれがある建築物の新築を行おうとする者は，土地区画整理組合の許可を受けなければならない。
令和４年 問20

2 施行地区内の宅地について存する地役権は，土地区画整理事業の施行により行使する利益がなくなった場合を除き，換地処分があった旨の公告があった日の翌日以後においても，なお従前の宅地の上に存する。 平成27年 問20

3 土地区画整理事業の施行により生じた公共施設の用に供する土地は，換地処分があった旨の公告があった日の翌日において，すべて市町村に帰属する。
平成27年 問20

解答

1 × 都道府県知事（市の区域内では当該市の長）の許可となります。

2 ○ その通り。

3 × 土地区画整理事業の施行により生じた公共施設の用に供する土地は，原則として，**換地処分の公告があった日の翌日**において，その公共施設を管理すべき者に帰属します。この「公共施設を管理すべき者」は，原則として**市町村**ですが，他の法律や定款等に**別段の定めがある場合**は，その者となります。したがって，すべて市町村に帰属するわけではありません。

図を活用して学ぶことで，かなり理解しやすくなります。難しい言葉（法律専門用語）だけで考えて理解できずに行き詰まっている方は，ぜひ図を描きながら学んでみてください！
また，解くテクニックとして，必ず，例外なく，すべて，のみなど断定する表現は，誤りの可能性が高い，というものがあります。

諸法令

★★★★★ 学習日 ／ ／ ／ ／

https://youtu.be/LMQYNtTZobI

1 **2** ともに少々高度な内容です。初めて解くときにどのように解くべきか，解き方のアプローチを参考にしてください。「複数の都道府県にまたがるものシリーズ⇒○○管理者の許可」という考え方が役立ちます！

サクッとおさらい！

▶ 複数の都道府県にまたがるもの（○○管理者の許可）

この複数の都道府県にまたがるものシリーズは，「○○管理者の許可」があればOKとなります。

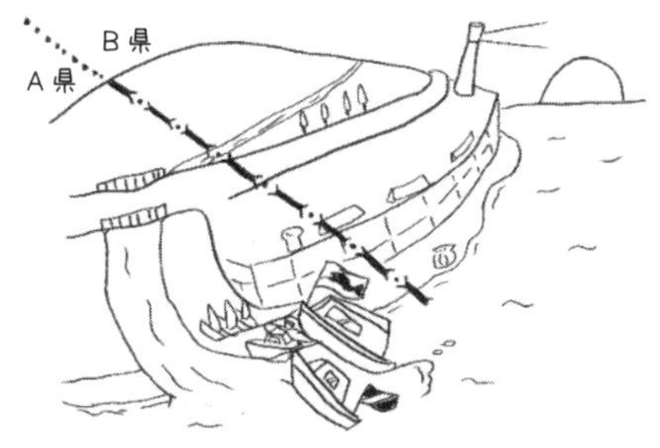

▶ 道路，河川，海岸，港湾，津波防護施設

各法令の許可権者を押さえましょう。

	行為制限・その適用区域等	許可権者等
道路法	道路予定地等における工作物の新築等	道路管理者の許可
河川法	河川区域内の工作物の新築等，土砂の採取等	河川管理者の許可
海岸法	海岸保全区域内の一定の工作物の新築等，土地の掘削等，土砂の採取等	海岸管理者の許可
港湾法	港湾区域内の水域又は公共空地における土砂の採取等	港湾管理者の許可
津波防災地域づくり法	津波防護施設区域内の一定の工作物の新築等，土地の掘削等	津波防護施設管理者の許可

重要 土壌汚染対策法では，知事への届出です。

重要 生産緑地法では，市町村長の許可です。

サクッと○×チェック！

1 津波防災地域づくりに関する法律によれば，津波防護施設区域内において土地の掘削をしようとする者は，一定の場合を除き，津波防護施設管理者の許可を受けなければならない。 平成29年 問22

2 景観法によれば，景観計画区域内において建築物の新築，増築，改築又は移転をした者は，工事着手後30日以内に，その旨を景観行政団体の長に届け出なければならない。 平成29年 問22

解答

1 ○ 津波防護施設区域内の土地において，①津波防護施設以外の施設又は工作物の新築・改築，②土地の掘削，盛土又は切土，③そのほか，津波防護施設の保全に支障を及ぼすおそれがあるものとして政令で定める行為をしようとする者は，原則として，津波防護施設管理者の許可を受けなければなりません。

☞ 複数の都道府県にまたがるものシリーズ⇒○○管理者の許可なので，たぶん正しい！と判断できるかどうかがカギ。

2 × やや難の問題。景観計画区域内において，建築物の新築，増築・改築・移転，外観を変更することとなる修繕・模様替又は色彩の変更等をしようとする者は，原則として，あらかじめ，行為の種類，場所，設計又は施行方法，着手予定日などを景観行政団体の長に届け出なければなりません。したがって，「工事着手後30日以内（事後）」ではなく，**あらかじめ**（事前）届出をしなければなりません。

なお，ここで**景観行政団体**というのは，指定都市の区域では指定都市，中核市の区域では中核市，指定都市及び中核市以外の市町村で景観行政事務を処理する市町村の区域では当該市町村，その他の区域では都道府県をいいます。

法令上の制限では，「間違い探し」のような問題が出ることがあります。用語を正確に押さえることが大事です。とはいえ，範囲が広いのですべてを押さえることはできません。「基本的な用語」を「きちんと」を心がけましょう。

CHAPTER 3

税・価格評定

学習管理表				
	1回目	2回目	3回目	4回目
01	/	/	/	/
02	/	/	/	/
03	/	/	/	/
04	/	/	/	/
05	/	/	/	/
06	/	/	/	/
07	/	/	/	/
08	/	/	/	/

譲渡所得税（国税）

https://youtu.be/nQBPSz9kthU

学習日 ／ ／ ／ ／

税は深入りせず，宅建試験受験対策と割り切って学習することをおススメいたします。

サクッとおさらい！

▶ 特例の併用が認められるもの（代表例）

3,000万円特別控除	&	居住用財産の軽減税率
5,000万円特別控除		

住宅ローン控除	&	居住用財産の買換え等の場合の譲渡損失の損益通算及び繰越控除
		空き家に係る譲渡所得の特別控除の特例
		5,000万円特別控除

注意 これら以外の組み合わせの併用は認められないと考えましょう。

例「買換え特例（居住用財産）」と「居住用財産の軽減税率」 ⇒ ×（併用できない）

▶ 居住用財産を譲渡した場合の3,000万円特別控除

居住用財産の譲渡所得の特別控除は，以下のように求めます。

例 5,000万円 － 2,000万円 ＝ 3,000万円
（譲渡価格）（取得費等）（譲渡所得金額＝譲渡による利益）

特別控除適用あり	(3,000万円－3,000万円)×税率＝税額
特別控除適用なし	3,000万円×税率＝税額

3,000万円特別控除の適用要件は以下の通りです。

Ⅰ　居住用財産の譲渡であること

(居住用財産の範囲)

①　現に住んでいる居住用家屋又は居住用家屋とその敷地

②　次のいずれかで，居住の用に供されなくなった日から３年を経過する日の属する年の12月31日までに譲渡したもの※

a．以前に住んでいた居住用家屋

b．以前に住んでいた居住用家屋とその敷地

c．災害により滅失した居住用家屋の敷地

Ⅱ　次の親族等に対する譲渡ではないこと

①　配偶者及び直系血族（祖父，祖母，父，母，子，孫）

②　①以外の同一生計の親族

③　譲渡後，その居住用家屋に同居する親族

④　その他同族会社（株式の50%又は出資金額の50%超）

Ⅲ　前年，前々年に，「3,000万円控除」や「買換え特例」の適用を受けていないこと

（３年に１回だけ特例の適用を受けることができます）

※所有期間は不問で，例えば２年しか所有していなくても大丈夫です。

重要 居住の用に供されなくなった日から３年を経過する日の属する年の12月31日まで。

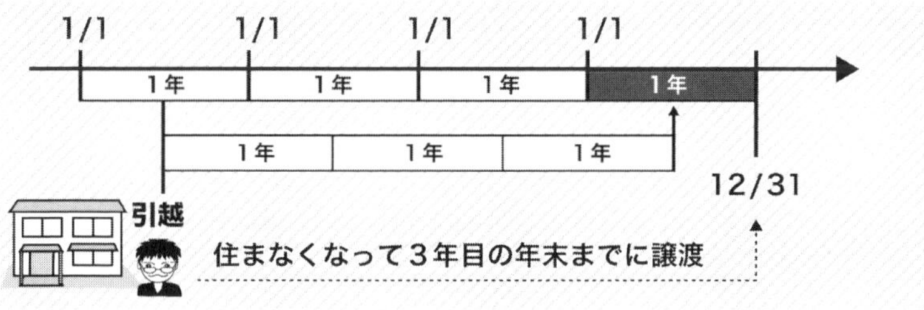

サクッと〇×チェック！

1 個人が令和５年中に令和５年１月１日において所有期間が10年を超える居住用財産を譲渡した場合のその譲渡に係る譲渡所得の課税に関して，その譲渡について収用交換等の場合の譲渡所得等の5,000万円特別控除の適用を受ける場合であっても，その特別控除後の譲渡益について，居住用財産を譲渡した場合の軽減税率の特例の適用を受けることができる。 令和元年 問23

2 個人が令和５年中に令和５年１月１日において所有期間が10年を超える居住用財産を譲渡した場合のその譲渡に係る譲渡所得の課税に関して，居住用財産を譲渡した場合の軽減税率の特例は，その個人が令和３年においてすでにその特例の適用を受けている場合であっても，令和５年中の譲渡による譲渡益について適用を受けることができる。 令和元年 問23

解答

1 〇 収用交換等の場合の譲渡所得等の5,000万円特別控除と居住用財産を譲渡した場合の軽減税率の特例は，併用して適用を受けることができます。

2 × 居住用財産を譲渡した場合の軽減税率の特例は，当該個人がその年の前年又は前々年においてすでに適用を受けている場合は，適用を受けることができません。

したがって，令和３年においてすでにこの特例の適用を受けている場合，令和５年にこの特例の適用を受けることはできません。

税法の分野では，地方税として不動産取得税，固定資産税から１問，国税として譲渡所得（税），登録免許税，贈与税，印紙税等から１問の合計２問が出題されます。専門用語が多く，苦手とする受験生が多いですが，ある程度決まった問題が出題されますので，基本的な数字を押さえましょう。
価格評定では，地価公示法又は不動産鑑定基準のどちらか１問が出題されます。地価公示法は出題範囲が狭く，本試験でも基本的な問題が出ますので，得点源にしましょう。

登録免許税（国税）

https://youtu.be/VTZzQsNpQ6E

★★★★★

学習日 ／ ／ ／ ／

登録免許税の重要ポイントは少ないので，正確に押さえましょう！

サクッとおさらい！

▶ 登録免許税の軽減税率：住宅用家屋（住宅）に関する登記

住宅用家屋（住宅）に関する登記には軽減税率の特例があります。

	課税標準	軽減税率
所有権の保存の登記	不動産の価額	1.5／1,000
所有権の移転の登記（売買・競落のみ） 注意 **交換・贈与等は，対象外！**	不動産の価額	3／1,000
抵当権設定登記	債権金額	1／1,000

重要 住宅用家屋の登記に係る軽減税率の特例の適用要件

- ●適用対象は，建物だけ
- ●土地には適用されない（土地は別の特例あり）。
- ●複数回利用できる

	所有権の保存登記	所有権の移転登記	抵当権の設定登記
適用要件	●自己の居住用に供すること ●家屋の床面積が，50m²以上 ●新築（取得）後1年以内に登記を受けること		
	新築住宅のみ適用	既存住宅の場合は，一定の耐震基準を満たすものであれば，適用される。	

サクッと○×チェック！

1 住宅用家屋の所有権の移転登記に係る登録免許税の税率の軽減措置について，個人が他の個人と共有で住宅用の家屋を購入した場合，当該個人は，その住宅用の家屋の所有権の移転登記について，床面積に自己が有する共有持分の割合を乗じたものが50m²以上でなければ，この税率の軽減措置の適用を受けることができない。

平成30年 **問23**

2 住宅用家屋の所有権の移転登記に係る登録免許税の税率の軽減措置について，この税率の軽減措置は，登記の対象となる住宅用の家屋の取得原因を限定しており，交換を原因として取得した住宅用の家屋について受ける所有権の移転登記には適用されない。 平成30年 **問23**

解答

1 ［×］ この税率の軽減措置を受けるためには，対象となる住宅用家屋が，専ら当該**個人の住宅の用に供されるもの**でその**床面積が50m²以上**でなければなりません。

しかし，この場合，個人が他の個人と共有で購入したときでも，共有持分の割合を乗じたものを基準とするわけではありません。

もし仮に正しいとすると，共有者が複数（多数）いる場合には，かなり大きな家屋でないと適用されなくなってしまうので，なにかヘンだな，と感じてほしいです。

2 ［○］ この税率の軽減措置を受けることができるのは，**売買又は競落**による取得に限ります。したがって，交換・贈与等を原因として取得した場合には適用を受けることができません。

☞ どのような場合に特例の適用が認められるか，ひっかけポイントに注意して，丁寧に整理しましょう！

税の学習は，試験で狙われやすい重要ポイントから優先して学習しましょう。重要度の高い知識は，あいまいではなく正確に身につけましょう。

贈与税(国税)

https://youtu.be/3XvlaSjGor8

★★★★★ 学習日 ／ ／ ／ ／

贈与税は，５年に一度くらいの頻度で出題されています。出題されると差がつきやすいテーマなので，ぜひ準備しておきましょう。

サクッとおさらい！

▶ 非課税制度と相続時精算課税制度の比較

住宅取得等資金の贈与を受けた場合の贈与税の特例についてまとめます。

	非課税制度	相続時精算課税制度
贈与者	直系尊属（父，母，祖父母等） 年齢問わない	父，母，祖父母 年齢問わない
受贈者 【要注意！】	18歳以上（１月１日現在） 所得　2,000万円以下	18歳以上（１月１日現在） 所得　制限なし
対象	住宅取得等『資金』の贈与 注意！住宅用の家屋の贈与…×	住宅取得等『資金』の贈与 注意！住宅用の家屋の贈与…×
非課税限度額 特別控除額	500万円 （省エネ等「良質な住宅」は1,000万円）	2,500万円
住宅用家屋 （新築，取得） 【要注意！】	床面積50m^2～240m^2 （合計所得金額が1,000万円以下の場合は，40m^2～240m^2） ２分の１以上　居住用	床面積40m^2～（上限なし） ２分の１以上　居住用
増改築	100万円以上 床面積50m^2～240m^2 （合計所得金額が1,000万円以下の場合は，40m^2～240m^2） ２分の１以上　居住用	100万円以上 床面積40m^2～（上限なし） ２分の１以上　居住用

重要 住宅取得等資金の贈与の特例では，贈与者の年齢制限はありません。

サクッと○×チェック！

1 直系尊属から住宅取得等資金の贈与を受けた場合の贈与税の非課税について，直系尊属から住宅用の家屋の贈与を受けた場合でも，この特例の適用を受けることができる。 平成27年 問23

2 直系尊属から住宅取得等資金の贈与を受けた場合の贈与税の非課税について，贈与者が住宅取得等資金の贈与をした年の1月1日において60歳未満の場合でも，この特例の適用を受けることができる。 平成27年 問23

解答

1 × 宅建試験でよく出題されるのは，単なる「直系尊属から贈与を受けた場合の贈与税」の特例ではなく，「直系尊属から住宅取得等資金の贈与を受けた場合の贈与税の非課税」の特例です。**住宅取得等資金の贈与**というかなり限定された特別な場面の特例なので，注意しましょう。

直系尊属から住宅取得等資金の贈与を受けた場合の贈与税の非課税の特例は，住宅取得等資金の贈与を受けた場合に適用を受けることができます。

住宅取得等資金とは，住宅の新築，取得又は増改築等の対価に充てるための「金銭」をいいます。家屋そのものは「金銭」ではないので，含まれません。

2 ○ **直系尊属から住宅取得等資金の贈与を受けた場合の贈与税の非課税**の特例の適用を受けるためには，**受贈者**は住宅取得等資金の贈与を受けた日の属する年の1月1日において18歳以上である必要があります。

類似の制度は混乱しやすいので，比較して，どこが同じで，どこが違うのか丁寧に整理しましょう。
混乱しないように，表などを活用して学習を進めましょう。

印紙税（国税）

★★★★★

学習日 ／ ／ ／ ／

https://youtu.be/T6xcGOgC-Bg

印紙税は，一度丁寧に整理しておかないと，本試験で引っかかりやすい問題が多くあります。過去問題の出題実績がある項目は，一通り確認して理解，整理するようにしましょう。YouTube宅建みやざき塾の動画講義もぜひ活用してください。

サクッとおさらい！

▶ 課税されるもの・されないもの

国・都道府県・市町村（地方公共団体）等が作成する文書は課税されません（非課税）。

注意 国・都道府県・市町村等と，私人が，共同で作成した文書の扱い

① 国・都道府県・市町村等で保存するものは，課税されます。

② 私人が保存するものは，課税されません。

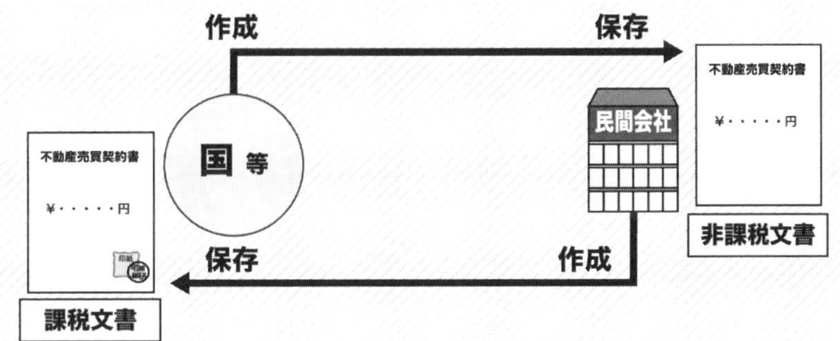

▶ 土地の譲渡契約と建物の建築請負契約を１つの契約書で扱う場合

譲渡金額と請負金額の高い方（特別ルール）となります。

サクッと○×チェック！

1 一の契約書に土地の譲渡契約（譲渡金額4,000万円）と建物の建築請負契約（請負金額5,000万円）をそれぞれ区分して記載した場合，印紙税の課税標準となる当該契約書の記載金額は，5,000万円である。 平成25年 問23

2 「建物の電気工事に係る請負金額は2,200万円（うち消費税額及び地方消費税額が200万円）とする」旨を記載した工事請負契約書について，印紙税の課税標準となる当該契約書の記載金額は，2,200万円である。 平成25年 問23

3 国を売主，株式会社A社を買主とする土地の譲渡契約において，双方が署名押印して共同で土地譲渡契約書を2通作成し，国とA社がそれぞれ1通ずつ保存することとした場合，国が保存する契約書には印紙税は課税されない。 平成20年 問27

解答

1 ○ よく似た次の場合に注意しましょう。

複数の不動産の売買を1つの契約書で扱う場合は，売買代金の**合計額**となります。

「甲土地を6,000万円，乙建物を3,500万円，丙建物を1,500万円で譲渡する」旨を記載した契約書を作成した場合には，1億1,000万円（印紙税の課税標準となる当該契約書の記載金額）となります。

一の契約書に土地の譲渡契約（譲渡金額4,000万円）と建物の建築請負契約（請負金額5,000万円）をそれぞれ区分して記載した場合は5,000万円（印紙税の課税標準となる当該契約書の記載金額）です。

2 × 消費税及び地方消費税の金額が区分記載されている場合，税込み価格・税抜き価格が記載されており消費税額が明らかである場合は，消費税を記載金額に含めません。扱いは以下のようになります。

例 売上代金に係る金銭の受取書（領収書） ※5万円以上が課税文書

50,000円 ⇒ 課税（消費税額不明）

52,800円（うち，消費税額及び地方消費税額が4,800円） ⇒ 非課税

請負金額 ⇒ 2,000万円（記載金額）

2,200万円（うち，消費税額及び地方消費税額が200万円）

3 × 国が保存する契約書（A社作成と扱う）には印紙税は課税されます。A社が保存する契約書（国作成と扱う）には印紙税は課税されません。

不動産取得税（地方税）

★★★★★

学習日 ／ ／ ／ ／

みやざき塾
サクッと3分トレ！

https://youtu.be/EMQ8QkS4Yhs

不動産取得税と固定資産税のどちらかから１問出題されます。どちらから出題されても得点できるように準備しておきましょう！

サクッとおさらい！

▶ 不動産取得税の納税義務者

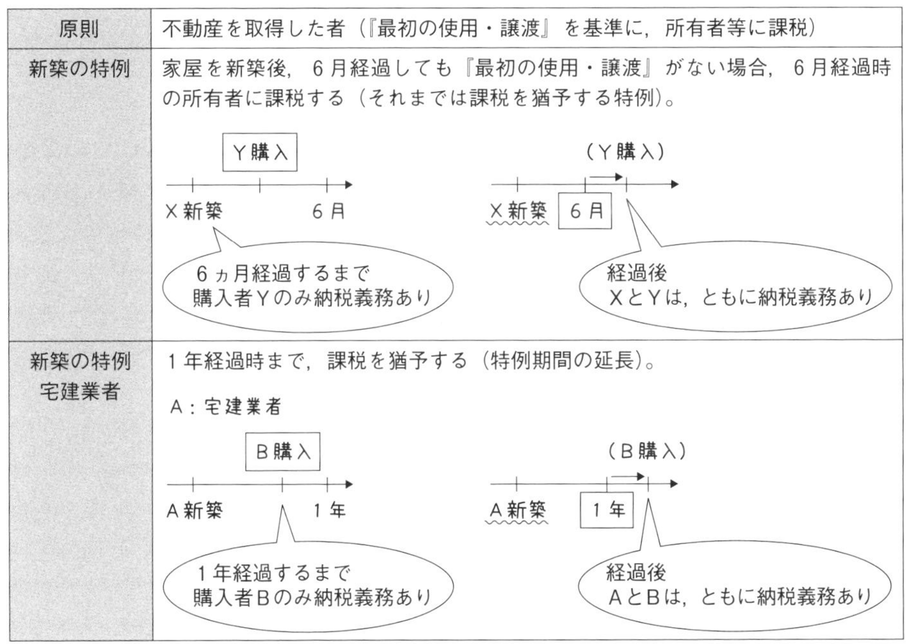

原則	不動産を取得した者（『最初の使用・譲渡』を基準に，所有者等に課税）
新築の特例	家屋を新築後，６月経過しても『最初の使用・譲渡』がない場合，６月経過時の所有者に課税する（それまでは課税を猶予する特例）。 Y購入 / X新築 / 6月 6ヵ月経過するまで 購入者Yのみ納税義務あり （Y購入） / X新築 / 6月 経過後 XとYは，ともに納税義務あり
新築の特例 宅建業者	１年経過時まで，課税を猶予する（特例期間の延長）。 A：宅建業者 B購入 / A新築 / 1年 1年経過するまで 購入者Bのみ納税義務あり （B購入） / A新築 / 1年 経過後 AとBは，ともに納税義務あり

▶ 不動産取得税の税率

税率（標準税率）注意！　制限税率ではありません。（３％，４％を超えることも可能！）

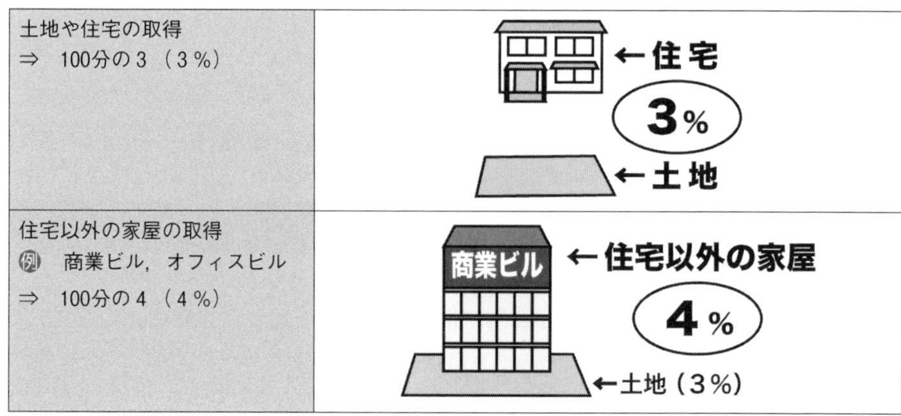

土地や住宅の取得 ⇒　100分の３（３％）	←住宅　3%　←土地
住宅以外の家屋の取得 ㊞　商業ビル，オフィスビル ⇒　100分の４（４％）	商業ビル　←住宅以外の家屋　4%　←土地（3%）

注意 **○○の『敷地』は，土地なので，100分の３（３％）**

サクッと○×チェック！

1　家屋が新築された日から２年を経過して，なお，当該家屋について最初の使用又は譲渡が行われない場合においては，当該家屋が新築された日から２年を経過した日において家屋の取得がなされたものとみなし，当該家屋の所有者を取得者とみなして，これに対して不動産取得税を課する。　平成24年 問24

2　ショッピングモールの敷地を取得した場合の不動産取得税の標準税率は，100分の３である。　オリジナル

解答

1　×　家屋が新築された場合，最初の使用又は譲渡が行われた日において家屋の取得がなされたものとみなされます。ただし，家屋が新築された日から６月を経過して，なお，当該家屋について最初の使用又は譲渡が行われない場合においては，当該家屋が新築された日か６月を経過した日において家屋の取得がなされたものとみなし，当該家屋の所有者を取得者とみなして，これに対して不動産取得税を課することになっています。

2　○　敷地（土地）なので，100分の３です。

06 固定資産税（地方税）

★★★★★

学習日 ／ ／ ／ ／

https://youtu.be/_clB89IHTEA

不動産取得税と固定資産税のどちらかから１問出題されます。少々難しい問題が多い固定資産税から出題されても得点できるように準備しておきましょう！

サクッとおさらい！

▶ 誰が納税義務者？（使う人が納める！）

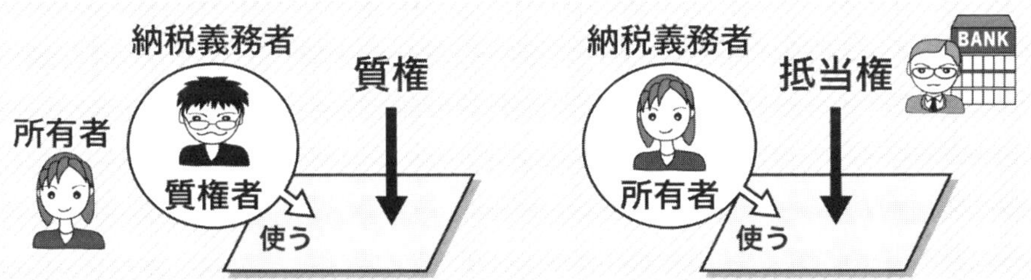

注意 質権（質権者が納税）と抵当権（所有者が納税）の扱いに注意しましょう。

▶ 免税となる者は？（免税点）

	不動産取得税	固定資産税
土地	10万円　ジュ	30万円　ミ
家屋	23万円　ニ（ア）サ 12万円　イズ	20万円　ニ

ＧＯＲＯ合わせシリーズ
不動産取得税の免税点
https://youtu.be/SwwGCQiEX-8

注意 所有者ごとに，複数の不動産をまとめて判断します。

例 右の図のような場合，25万円＋25万円＝50万円として考えます。

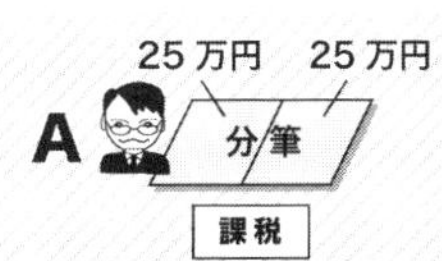

サクッと○×チェック！

1 固定資産の所有者の所在が震災，風水害，火災等によって不明である場合には，その使用者を所有者とみなして固定資産課税台帳に登録し，その者に固定資産税を課することができる。 平成20年 問28

2 市町村長は，一筆ごとの土地に対して課する固定資産税の課税標準となるべき額が，財政上その他特別の必要があるとして市町村の条例で定める場合を除き，30万円に満たない場合には，固定資産税を課することができない。 平成20年 問28

解答

1 ○ 登録されている者が**震災，風水害，火災**などによって**所在不明**の場合は**使用者**，登録されている者が賦課期日前に**死亡**している場合には，**現実の所有者**（1月1日時点）が納税義務者となります。**質権，**又は，**100年より永い存続期間の定めのある地上権**の目的である土地については，その**質権者**又は**地上権者**が納税義務者となります。

2 × 同一人が同一市町村内で所有する**固定資産の価格（課税標準）の合計**が，次の**一定金額未満の場合**には，**固定資産税は課されません。**

地価公示法

★★★★★

https://youtu.be/Qr2us9wZc94

学習日 ／ ／ ／ ／

地価公示法と鑑定評価のどちらかから１問出題されます。地価公示法の方が準備しやすく，ライバルに差をつけやすいテーマです。地価公示制度の目的（考え方）を理解した上で重要ポイントを身につけましょう。

サクッとおさらい！

▶ 公示（官報で公示）するもの

土地鑑定委員会は，標準地の単位面積当たりの正常な価格を判定したときは，速やかに以下を官報で公示します。

① 標準地の所在地
② 標準地の価格及び価格判定の基準日
③ 標準地の地積及び形状
④ 標準地及びその周辺の土地の利用の現況等

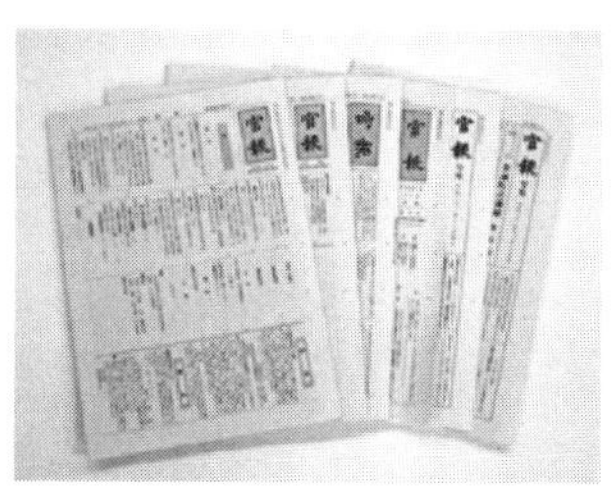

注意 周辺の土地　⇒　利用の現況等のみ！

標準地	周辺の土地
どんな利用？	どんな利用？
どこ？	×
いくら？（いつ？）	×
広さ？	×
形？	×

重要 出題例として，「前回の公示価格からの変化率」「標準地の価格の総額」などもあります。両方とも官報で公示する必要はありません。

ＧＯＲＯ合わせシリーズその12　地価公示における鑑定
https://youtu.be/6KX3l07auAU

サクッと○×チェック！

1 土地鑑定委員会は，標準地の価格の総額を官報で公示する必要はない。
平成26年 問25

2 不動産鑑定士は，土地鑑定委員会の求めに応じて標準地の鑑定評価を行うに当たっては，近傍類地の取引価格から算定される推定の価格を基本とし，必要に応じて，近傍類地の地代等から算定される推定の価格及び同等の効用を有する土地の造成に要する推定の費用の額を勘案しなければならない。 平成26年 問25

3 土地鑑定委員会は，公示区域内の標準地について，毎年2回，2人以上の不動産鑑定士の鑑定評価を求め，その結果を審査し，必要な調整を行って，一定の基準日における当該標準地の単位面積当たりの正常な価格を判定し，これを公示するものとされている。 平成29年 問25

解答

1 ○ 標準地の価格の総額は，公示する必要がありません。地価公示の制度は，個々の土地の相場を明らかにするための制度だからです。どのような事情が個々の土地の相場に影響を与えるか，イメージしながら押さえていきましょう。

2 × 2人以上の不動産鑑定士が，毎年1回，1月1日を価格時点として鑑定します。鑑定は，①近傍類地の取引価格から算定される推定の価格，②近傍類地の地代等から算定される推定の価格，③同等の効用を有する土地の造成に要する推定の費用の額のすべてを**勘案**して行わなければなりません。

☞ **勘案すればよく，平均するのではありません。**

3 × 毎年1回，2人以上の不動産鑑定士の鑑定評価が必要です。
なお，「正常な価格」を判定するのは，土地鑑定委員会です。「正常な価格」とは，建物や借地権等がない更地の価格です。

鑑定評価（鑑定評価基準）

★★★★★

みやざき塾
サクッと3分トレ!

https://youtu.be/NsAp8miu_o4

学習日	／	／	／	／

鑑定評価は，少々難しいテーマです。基本・重要ポイントについては，難解な用語の意味を図などを活用して理解した上で，押さえるようにしましょう！

サクッとおさらい！

▶ 熟成度加算（まちが発展すると…？）

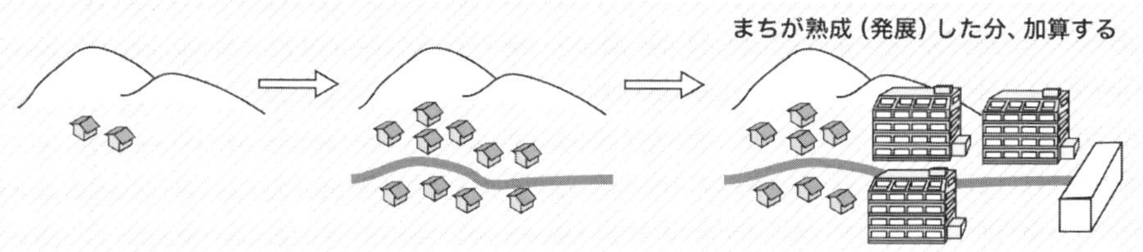

▶ 特定価格

特定価格は，「**市場性を有する不動産**について，**法令等による社会的要請**を背景とする鑑定評価目的の下で，**正常価格の前提となる諸条件を満たさない**ことにより正常価格と同一の市場概念の下において形成されるであろう**市場価値と乖離**（かいり）することとなる場合における不動産の経済価値を適正に表示する価格」と定義されます。

民事再生法に基づく**早期売却**や会社更生法に基づく**事業の継続**を前提とした価格を求める場合，**投資家のための投資採算価値**を表す価格を求める場合などがこれにあたります。

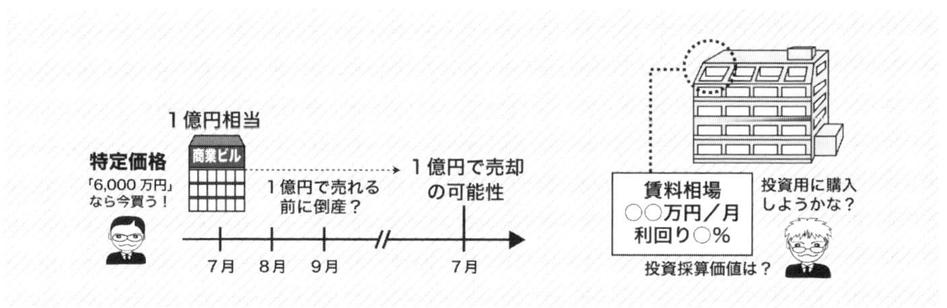

サクッと○×チェック！

1 土地についての原価法の適用において，宅地造成直後と価格時点とを比べ，公共施設等の整備等による環境の変化が価格水準に影響を与えていると認められる場合には，地域要因の変化の程度に応じた増加額を熟成度として加算できる。 平成20年 問29

2 特殊価格とは，市場性を有する不動産について，法令等による社会的要請を背景とする評価目的の下で，正常価格の前提となる諸条件を満たさない場合における不動産の経済価値を適正に表示する価格をいう。 平成20年 問29

解答

1 ○ 熟成度加算です。土地の造成直後と価格時点での社会的，経済的環境の変化が価格水準に影響を与えている場合は，変化に応じた増加額を熟成度として加算できます。

2 × **特殊価格**とは，文化財等の一般的に**市場性を有しない**不動産について，その利用現況等を前提とした不動産の経済価値を適正に表示する価格をいいます（例 宗教建築物，文化財，公共公益施設）。

本問は，特定価格の記述です。**特定価格**とは，例えば，今にも倒産しそうな会社がビルを持っている場合に，1年後だったら1億円で売れるけど，そんなに待っていたら倒産してしまうので，すぐに6,000万円で売却しようという場合などの価格です。

似た用語をごちゃまぜにしないよう注意しましょう！

CHAPTER 4

宅建業法

学習管理表				
	1回目	2回目	3回目	4回目
01	/	/	/	/
02	/	/	/	/
03	/	/	/	/
04	/	/	/	/
05	/	/	/	/
06	/	/	/	/
07	/	/	/	/
08	/	/	/	/
09	/	/	/	/
10	/	/	/	/
11	/	/	/	/
12	/	/	/	/
13	/	/	/	/
14	/	/	/	/
15	/	/	/	/
16	/	/	/	/
17	/	/	/	/

宅地建物取引業（宅地建物取引業法）

★★★★★

学習日 ／ ／ ／ ／

https://youtu.be/nUORFzjy1cl
https://youtu.be/CbgpkEGUs7g

問題で問われているのは，誰についてのことなのか？　正確に読み取るようにしましょう。

サクッとおさらい！

▶ 宅地建物取引業法上の取引（「自ら貸借」に注意）

宅地建物取引業法上の取引となるものを押さえましょう。**自ら貸借**するのは取引にあたりません。

	売買	交換	貸借
自ら	○	○	×
媒介	○	○	○
代理	○	○	○

▶ 事務所や案内所等に設置等しなければならないもの（まとめて把握！）

事務所	標識，専任宅建取引士（5人に1人以上），報酬額，従業者名簿，帳簿	
案内所等	申込み，または，契約をする	標識，専任宅建取引士1人以上
	申込みなし，かつ，契約なし	標識

○…必要　×…不要

	事務所	案内所等 申込または契約あり	案内所等 申込も契約もなし
標識の掲示	○	○	○
報酬額の掲示	○	×	×
従業者名簿	○	×	×
帳簿	○	×	×
『専任』宅建取引士	○5人に1人以上	○1人以上	×

▶ 免許の欠格・刑罰（ゴロで覚える！）

次の刑に処せられた者で，刑の執行を終わり又は執行を受けることがなくなった日から**5年**を経過していない者は，宅地建物取引業の免許を認めてもらえません。

①禁錮，懲役，（死刑）

②次の罪等で罰金刑に処せられた者
- 宅地建物取引業法違反
- 背任罪
- 暴力的な罪（傷害罪，現場助勢罪，暴行罪，凶器準備集合罪，脅迫罪）
- 暴力行為等処罰に関する法律違反，暴力団員による不当な行為の防止等に関する法律違反

重要 執行猶予の取扱い（満了すれば免許OK！）

執行猶予期間中は免許不可です。満了すれば直ちに免許OKです！

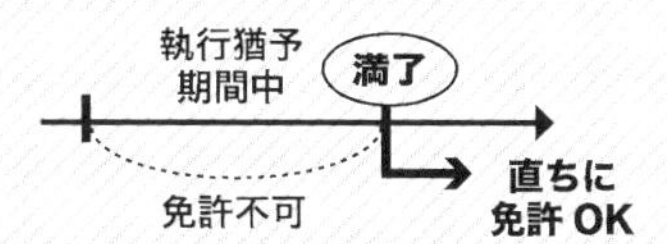

GORO♪

宅　配　暴力！　罰金　5年

宅業　背任　暴力シリーズ

GORO合わせシリーズ　免許の欠格（罰金刑）

https://youtu.be/MMHn9jthUXk

サクッと○×チェック！

1 破産管財人が，破産財団の換価のために自ら売主となり，宅地又は建物の売却を反復継続して行う場合において，その媒介を業として営む者は，宅地建物取引業の免許を必要としない。 平成22年 問26

2 宅地建物取引業を営まず他の兼業業務のみを営んでいる支店は，事務所（宅地建物取引業法第3条第1項に規定する事務所）には該当しない。 令和4年 問26

3 宅地建物取引業の免許を受けようとするA社に，刑法第204条（傷害）の罪により

懲役1年（執行猶予2年）の刑に処せられ，その刑の全部の執行猶予の期間を満了した者が役員として在籍している場合，その満了の日から5年を経過していなくとも，A社は免許を受けることができる。 平成24年 問26

4 宅地建物取引業の免許を受けようとするB社に，刑法第206条（現場助勢）の罪により罰金の刑に処せられた者が非常勤役員として在籍している場合，その刑の執行が終わってから5年を経過していなくとも，B社は免許を受けることができる。
平成24年 問26

解答

1 × ここで問われているのは，破産管財人ではなく，売却の媒介を行う者についてなので注意しましょう。

破産管財人が，破産財団の換価のために宅地・建物の売却を反復継続して行う行為は，営利目的がなく，裁判所の関与のもとで行われるため，宅地建物取引業の免許は不要です。しかし，その**宅地・建物の売却の媒介を業**として営む者は宅地建物取引業に該当しますから，宅地建物取引業の免許が必要です。

2 ○ 本店は宅地建物取引業を営む営まないにかかわらず，宅建業法上の事務所に該当しますが，支店は，宅地建物取引業を営んでいる場合に限り，事務所に該当します。宅建業法上の事務所に該当すると，5点セット（前頁の表参照）が必要となります。

3 ○ 法人の役員に免許欠格事由に該当する者がいる場合，その法人は免許を受けることができません。しかし，法人の役員が懲役刑に処せられても，刑の全部の**執行猶予**の期間を経過すれば，刑の言渡しの効果自体が消滅するので，当該役員は免許欠格事由に該当しません。したがって，満了の日から5年を経過していなくとも，**A社は免許を受けることができます**。

4 × 法人の役員に免許欠格事由に該当する者がいる場合，その法人は免許を受けることができません。役員が非常勤の場合であっても，扱いは同様です。

そして，法人の役員が刑法206条（現場助勢）の罪により罰金の刑に処せられ，その刑の執行が終わってから5年を経過していない場合，その役員は**免許欠格事由**に該当します。したがって，免許欠格事由に該当する役員がいる**B社は免許を受けることができません**。ただし，**当該役員がB社を辞めれば，B社は免許を受けることができる**ようになります。

宅地建物取引業者（宅地建物取引業法）

★★★★★

学習日 ／ ／ ／ ／

https://youtu.be/jHvXCysUgd8

どのような場合に，誰が，誰に対して，いつまでに届出をしなければならないのか，表を活用しながら，丁寧に整理しましょう。

サクッとおさらい！

▶ 廃業等の届出

届出が必要な事由，義務者，期間等について押さえましょう。

事　由	届出義務者	届出期間	免許の効力喪失時点（消えてなくなる時）
死亡	相続人	知った日から30日以内	死亡の時
法人の合併消滅	消滅会社の代表役員	その日から30日以内	消滅の時
破産手続開始の決定	破産管財人		届出時点
解散（合併，破産以外）	清算人		
宅地建物取引業を廃止	個人，代表役員		

▶ みなし宅建業者

死亡，廃業のときは，**取引を結了する範囲**で宅建業者として扱われます。

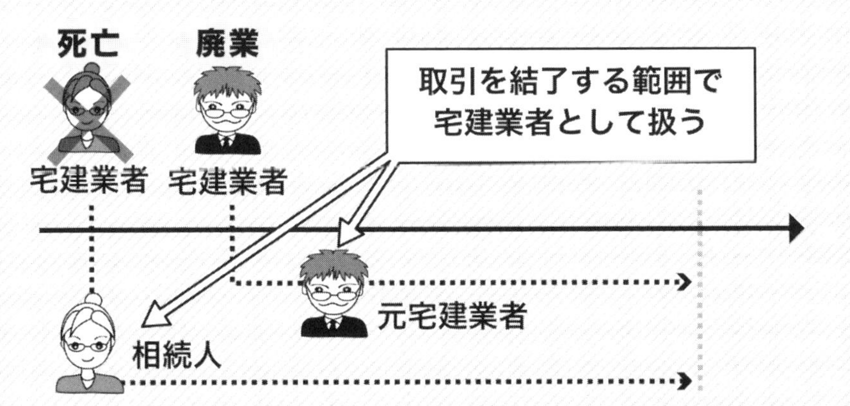

サクッと○×チェック！

1 宅地建物取引業の免許に関して，法人である宅地建物取引業者Ｃ（国土交通大臣免許）について破産手続開始の決定があった場合，その日から30日以内に，Ｃを代表する役員Ｄは，その旨を主たる事務所の所在地を管轄する都道府県知事を経由して国土交通大臣に届け出なければならない。 平成28年 問35

2 宅地建物取引業の免許に関して，個人である宅地建物取引業者Ｅ（丙県知事免許）が死亡した場合，Ｅの一般承継人Ｆがその旨を丙県知事に届け出た後であっても，Ｆは，Ｅが生前締結した売買契約に基づく取引を結了する目的の範囲内においては，なお宅地建物取引業者とみなされる。 平成28年 問35

解答

1 ［×］ 宅地建物取引業者（国土交通大臣免許）について破産手続開始の決定があった場合，その日から30日以内に，その**破産管財人**は，その旨を主たる事務所の所在地を管轄する都道府県知事を経由して国土交通大臣（免許権者）に届け出なければなりません。

宅地建物取引業者が死亡，破産，廃業等により宅地建物取引業を営まなくなった場合，その旨を免許権者に届け出なければなりません。表で整理しましょう。

2 ［○］ 個人である宅地建物取引業者が死亡したときは，その一般承継人は，当該宅地建物取引業者が締結した契約に基づく取引を結了する目的の範囲内においては，なお宅地建物取引業者とみなされます。

宅建業法は，宅建試験の受験対策上，最も力を入れるべき分野です。最も多い20問が出題されます。特に近年は基本的な問題が多く，失点が許されないような出題が続いています。個数問題も多いので，知識を正確に押さえないといけませんが，範囲はそれほど広くありません。引っかけ問題が多いので，パターンを押さえておくと安心です。
いきなり覚えようとせず，引っかけをもとに，丁寧に正確に理解していきましょう。合格後の実務でも使うことが多い分野ですので，学んだ努力は必ず花開きます。

★★★★★

宅地建物取引士（宅地建物取引業法）

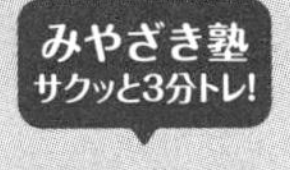

https://youtu.be/Frr7CSrr_Tk

学習日 ／ ／ ／ ／

よく似た制度は，表などで比較しながら，丁寧に整理しましょう。なんとなく覚えてゴチャ混ぜになるのは危険です！　混ぜるな危険！　命取り！

サクッとおさらい！

▶ 手続きするのは，どんなとき？

変更の登録は「最新の情報でないと困る」ので**義務**，**登録の移転**は「移転したかったらどうぞ」のため**任意**です。

変更の登録（義務）	登録の移転（任意）
	勤務地が，宅地建物取引士登録してある都道府県以外の都道府県にある場合
氏名，住所，本籍，生年月日，性別	
宅地建物取引業者の業務に従事する者にあっては，宅地建物取引業者の商号又は名称，免許証番号	

【変更の登録】

氏名 ○○ ○○
住所・・・・・
本籍・・・
宅建業者の商号、
免許証番号等

一部を変更

【登録の移転】

氏名 ○○ ○○
住所・・・・・
本籍・・・
宅建業者の商号、
免許証番号等

甲県 ⟶ 乙県

宅建士のデータを全て移転

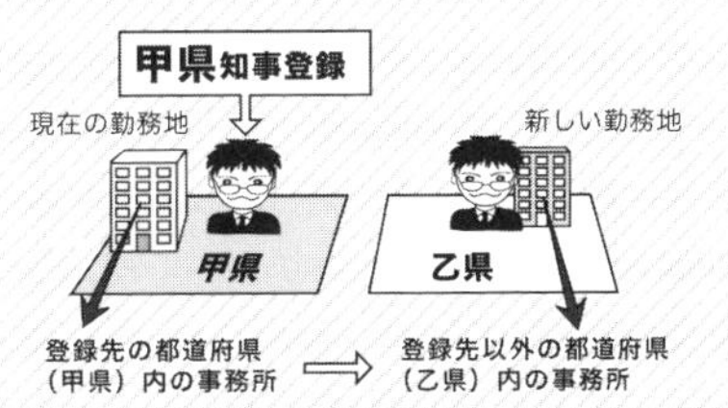

▶ 宅地建物取引士資格登録簿（個人情報だから非公開！）

重要 **非公開（個人情報は保護されます）**

宅地建物取引士登録が行われると，宅地建物取引士資格登録簿に氏名，住所，本籍，生年月日，性別，勤務先の宅地建物取引業者の商号・名称・免許証番号などが登載されます。

	登　載　事　項	変更の登録の申請？
①	氏名，住所，本籍，生年月日，性別	必要
②	宅地建物取引業者の業務に従事する者にあっては，宅地建物取引業者の商号又は名称，免許証番号（例　免許換え）	必要
③	試験の合格年月日・合格証書番号	不要
④	実務経験期間及びその内容 従事していた宅地建物取引業者の商号・名称，免許証番号	不要
⑤	国土交通大臣が実務経験を有する者と同等以上の能力を有すると認めた場合の，認定の内容・年月日	不要
⑥	登録番号・登録年月日	不要
⑦	指示処分・事務禁止処分の内容，年月日	不要

重要 **③～⑥は，変わることがないため，変更の登録の申請は必要ありません。**
⑦は，都道府県知事が自ら処分するため，変更の登録の申請は必要ありません。

▶ 取引士証交付までの流れ

交付までの流れは以下のようになります。

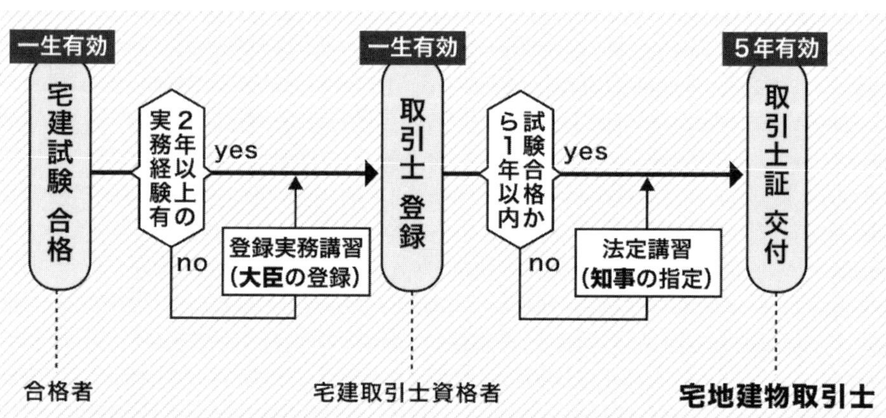

重要 **宅地建物取引士の登録や宅地建物取引士証の交付は，宅建試験に合格した都道府県の知事に申請することによって行われます。**

▶ 宅地建物取引士をやめる場合の届出

届出事項	届出義務者	届出期間
死亡	相続人	知った日から 30日以内
心身の故障により宅地建物取引士の事務を適正に行うことができない者となったとき	本人 法定代理人 同居の親族	30日以内
破産 その他※	宅地建物取引士本人	30日以内

※その他の例：禁錮刑・懲役刑に処せられた。

▶ 宅地建物取引士証の提示義務

取引の関係者から請求があったときは，**宅地建物取引士証を提示**しなければなりません。また，**重要事項の説明のとき**は，取引の関係者から請求がなくても，**必ず**，宅地建物取引士証を提示しなければなりません。

	重要事項説明（35条）	37条書面	その他
請求あり	提示義務　あり	提示義務　あり	提示義務　あり
請求なし	提示義務　あり※	提示義務　なし	提示義務　なし

※重要事項の説明における宅地建物取引士証の提示義務について

宅地建物取引士による口頭の説明時に必要です。重要事項説明書交付時には不要です。

したがって，例えば買主が宅建業者の場合，重要事項説明書の交付のみで足りるので，宅地建物取引士証の提示義務はありません。

注意 37条書面の交付等

請求がなければ，提示する必要はありません。また，宅地建物取引士証の提示義務は，専任の宅地建物取引士であるか否かにかかわりません。

重要 重要事項説明

宅地建物取引士証の提示がないと，10万円以下の「過料」に処せられます。

例　20万円以下の罰金…×（誤り）

▶ 宅地建物取引士に関する罰則のまとめ

- 重要事項の説明の際に，宅地建物取引士証の提示義務に違反した
- 事務禁止処分による宅地建物取引士証の提出義務に違反した
- 登録消除や宅地建物取引士証の失効による宅地建物取引士証の返納義務に違反した

これらの違反があった場合，**罰則**として，**10万円以下の「過料」**が処せられます。

サクッと〇×チェック！

1 甲県知事の宅地建物取引士の登録を受けている者が，その住所を乙県に変更した場合，甲県知事を経由して乙県知事に対し登録の移転を申請することができる。
平成21年 問29

2 宅地建物取引士資格登録（「登録」）に関して，宅地建物取引業者A（甲県知事免許）に勤務する宅地建物取引士（甲県知事登録）が，宅地建物取引業者B（乙県知事免許）に勤務先を変更した場合は，乙県知事に対して，遅滞なく勤務先の変更の登録を申請しなければならない。 令和元年 問44

3 宅地建物取引士資格登録（「登録」）に関して，甲県知事登録を受けている者が，甲県から乙県に住所を変更した場合は，宅地建物取引士証の交付を受けていなくても，甲県知事に対して，遅滞なく住所の変更の登録を申請しなければならない。
令和元年 問44

4 宅地建物取引士の登録を受けている者が死亡した場合，その相続人は，死亡した日から30日以内に登録をしている都道府県知事に届出をしなければならない。
平成21年 問29

5 宅地建物取引士は，宅地建物取引業法第37条に規定する書面を交付する際，取引の関係者から請求があったときは，専任の宅地建物取引士であるか否かにかかわらず，宅地建物取引士証を提示しなければならない。 平成30年 問42

解答

1 ×　**登録の移転**は，**業務に従事する事務所（勤務地）**が登録地以外の都道府県に変わる場合にのみ行うことができます。単に宅地建物取引士の住所変更があっただけでは，登録の移転の申請をすることはできません。

2 ×　宅地建物取引士の登録を受けている者は，勤務先の宅地建物取引業者の商号又は名称，免許証番号に変更があった場合には，遅滞なく，**登録をした都道府県知事**に変更の登録を申請しなければなりません。Aは**甲県知事の登録**を受けているので，甲県知事に変更の登録を申請する必要があります。

3 ○　宅地建物取引士の**登録**を受けている者は，住所を変更した場合には，遅滞なく，登録をした都道府県知事に変更の登録を申請しなければなりません。

宅地建物取引士証の交付を受けていなかったとしても，登録を受けている者は申請する必要があります。

4 ×　どのような場合に，誰が，いつまでに，届出をする必要があるか，丁寧に整理しましょう。

死亡は，死亡を知った日から30日以内に届出をしなければなりません。いつから数えるかに注意しましょう！

5 ○　どのような場合に宅地建物取引士証を提示する必要があるか，正確な知識が求められます。

☞ 「見たことある。なんとなく覚えている。」だけでは，本試験のときに迷ってしまう可能性があります。本試験の結果を運任せにしないためにも，重要ポイントは，正確に理解した上で押さえておきましょう！

問題を解き終えたら一瞬間を置いて，指差し確認をします。宅建業法でミスが発生する方は，「知っているのに間違えた」というのがほとんどです。問題文を眺めて「自ら貸借」「宅建業者同士」などのひっかけがないかどうかを1秒だけ，指差ししながら確認します。

営業保証金（宅地建物取引業法）

★★★★★

https://youtu.be/4g-JKpg1AMo

学習日 ／ ／ ／ ／

知識があいまいなときは，自分の言葉で説明ができないものです。どのような場面か，自分の言葉で説明できるレベルを目指しましょう。

サクッとおさらい！

▶ 主たる事務所の移転

宅地建物取引業者は，その主たる事務所を移転したためその**最寄りの供託所が変更**した場合，**金銭のみ**をもって営業保証金を供託しているときは，遅滞なく，営業保証金を供託している供託所に対し，移転後の主たる事務所の最寄りの供託所への営業保証金の**保管替え**を請求しなければなりません。しかし，有価証券で供託しているときや，有価証券と金銭で供託しているときは，遅滞なく，営業保証金を移転後の主たる事務所の最寄りの供託所に**新たに供託**しなければなりません。

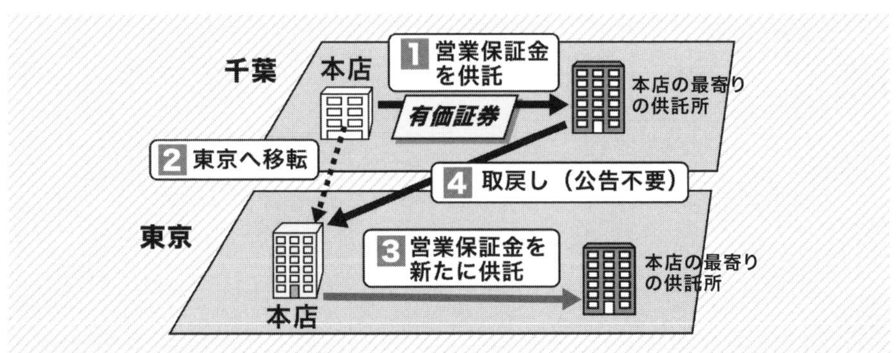

▶ 営業保証金の取戻し　公告不要の例外

- **有価証券と金銭**，又は**有価証券のみ**を供託している場合に，主たる事務所の移転に伴う最寄りの供託所の変更により，**新たに営業保証金を供託**したとき
（従前の供託所からの取戻しは，公告不要）
- 宅地建物取引業者が**保証協会の社員**となり，営業保証金の供託を免除されたとき
- 取戻し事由（㊟　最後の取引）が発生してから，**10年を経過**したとき

サクッと○×チェック！

1 宅地建物取引業者A（甲県知事免許）は，甲県に本店と支店を設け，営業保証金として1,000万円の金銭と額面金額500万円の国債証券を供託し，営業している。Aは，本店を移転したため，その最寄りの供託所が変更した場合は，遅滞なく，移転後の本店の最寄りの供託所に新たに営業保証金を供託しなければならない。 平成28年 問40

2 宅地建物取引業者A（甲県知事免許）は，甲県に本店と支店を設け，営業保証金として1,000万円の金銭と額面金額500万円の国債証券を供託し，営業している。Aは，本店を移転したため，その最寄りの供託所が変更した場合において，従前の営業保証金を取り戻すときは，営業保証金の還付を請求する権利を有する者に対し，一定期間内に申し出るべき旨の公告をしなければならない。 平成28年 問40

解答

1 ○ その通り。

2 × 宅地建物取引業者は，本店を移転したため，その最寄りの供託所が変更した場合において，従前の営業保証金を取り戻すときは，営業保証金の還付を請求する権利を有する者に対し，一定期間内に申し出るべき旨の公告をする必要はありません。

すでに，移転後の主たる事務所の最寄りの供託所に供託しており，二重供託の状態から１つ分取り戻すだけだからです。

保証協会（宅地建物取引業法）

★★★★★

学習日 ／ ／ ／ ／

https://youtu.be/GPKSRxzWaSA

保証協会制度の仕組み，お金の流れは，図で理解するようにしましょう。図で理解すると，わかりやすいだけでなく，イメージとして記憶に残りやすくなります。

サクッとおさらい！

▶ 保証協会に加入する前の取扱い

社員が社員となる前に取引した者の債権は対象となります。

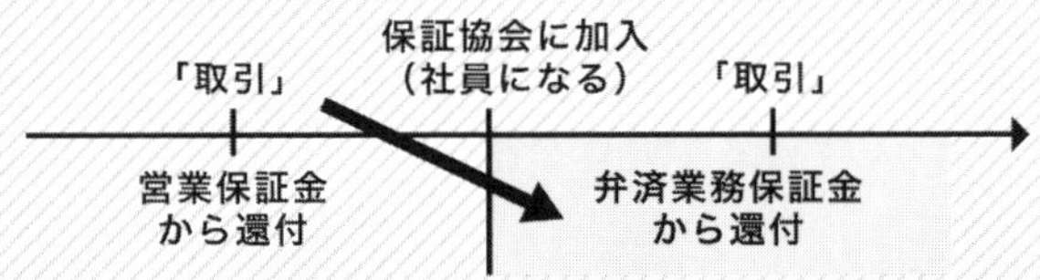

▶ 還付の流れ

宅建業者と取引をして損をした者が，弁済業務保証金から還付を受けるには，保証協会の印象を受け，その後供託所に還付請求しなければなりません。還付された場合，その還付された分の補充のために以下のような手続きがとられます。

保証協会は，国土交通大臣から通知を受けた日から２週間以内に，還付額に相当する額を供託所に供託しなければなりません（図①②）。また，供託した旨を宅地建物取引業者の免許権者に届け出なければなりません。

保証協会は，社員に対して還付額に相当する還付充当金を保証協会に納付するよう通知しなければなりません（図③）。

宅地建物取引業者は，保証協会から還付充当金を納付すべき通知を受けた日から２週間以内に，還付充当金を保証協会に納付しなければなりません（図④）。

納付しないと…↓

保証協会の社員たる地位を失います。

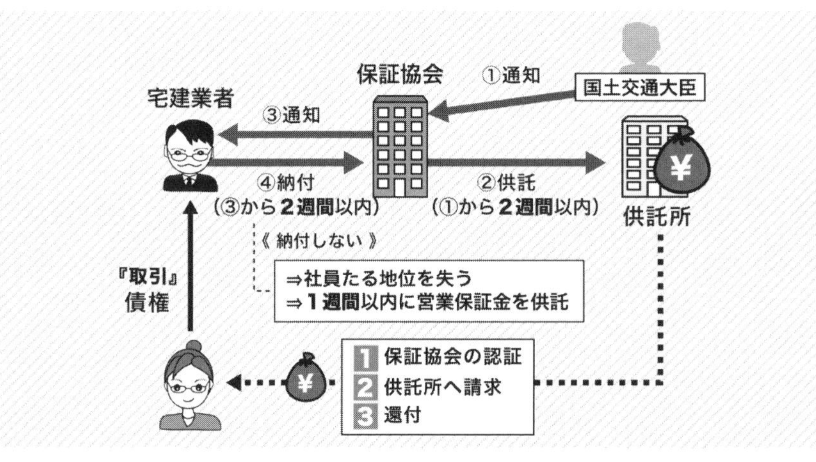

注意 宅地建物取引業者が社員たる地位を失った場合の措置

社員たる地位を失った日から**1週間**以内に，営業保証金を供託しなければなりません。宅地建物取引業者は，営業保証金を供託した旨を，免許権者に届け出る必要があります。

サクッと○×チェック！

1 保証協会は，弁済業務保証金の還付があったときは，当該還付に係る社員又は社員であった者に対して，当該還付額に相当する額の還付充当金を保証協会に納付すべきことを通知しなければならない。 平成26年 問39

2 宅地建物取引業者が保証協会の社員となる前に，当該宅地建物取引業者に建物の貸借の媒介を依頼した者（宅地建物取引業者に該当する者を除く。）は，その取引により生じた債権に関し，当該保証協会が供託した弁済業務保証金について弁済を受ける権利を有しない。 平成26年 問39

解答

1 ○ 保証協会は，弁済業務保証金の還付があったときは，当該還付に係る社員又は社員であった者に対して，当該還付額に相当する額の還付充当金を保証協会に納付すべきことを通知しなければなりません。

2 × 保証協会の社員と宅地建物取引業に関し取引をした者（宅地建物取引業者に該当する者を除く）は，その取引により生じた債権に関し，営業保証金の額に相当する額の範囲内において，当該保証協会が供託した弁済業務保証金について，弁済を受ける権利を有します。

そして，この還付を受ける権利を有する者には，その宅地建物取引業者が保証協会の社員となる前に宅地建物取引業に関し取引をした者も含みます。

☞ **1**は還付に関する流れを理解できているかどうか，**2**はどのような状況かを理解できているかどうか，しっかりと確認しましょう。

営業保証金・保証協会（宅地建物取引業法）

https://youtu.be/yO0SXgLVnw0

★★★★★ 学習日 ／ ／ ／ ／

営業保証金と保証協会（弁済業務保証金）は，扱いの異なるところが狙われやすいので，どのように異なるのか比較して整理しましょう。

サクッとおさらい！

▶ 事務所の一部廃止と公告

一部の事務所を廃止した場合，営業保証金を取り戻すときは，原則として宅地建物取引業者が還付を請求する権利を有する者に対し，6月を下らない一定期間内に申し出るべき旨を公告しなければなりません。これに対して，弁済業務保証金を取り戻すときは，そもそも公告は不要です。事務所1つにつき30万円と少額であり，保証協会による団体的な保証があるからです。

	営業保証金	弁済業務保証金
事務所の一部廃止	公告 必要	公告 不要

▶ 支店の数と額の関係（計算はカンタン♪）

（単位：万円）

	営業保証金の額		弁済業務保証金分担金の額	
支店数 1	1,000＋ 500	1,500	60＋ 30	90
支店数 2	1,000＋1,000	2,000	60＋ 60	120
支店数 3	1,000＋1,500	2,500	60＋ 90	150
支店数 4	1,000＋2,000	3,000	60＋120	180
支店数 5	1,000＋2,500	3,500	60＋150	210
支店数 6	1,000＋3,000	4,000	60＋180	240
支店数 7	1,000＋3,500	4,500	60＋210	270
支店数 8	1,000＋4,000	5,000	60＋240	300
支店数 9	1,000＋4,500	5,500	60＋270	330
支店数 10	1,000＋5,000	6,000	60＋300	360

▶ 営業保証金と保証協会（弁済業務保証金）の比較（よく問われる！）

<table>
<tr><th colspan="2"></th><th>営業保証金</th><th>弁済業務保証金分担金</th><th>弁済業務保証金</th></tr>
<tr><td colspan="2">納付・供託</td><td>本店の最寄りの供託所へ一括して供託</td><td>宅建業者が，保証協会へ納付</td><td>保証協会が，供託所へ供託</td></tr>
<tr><td colspan="2">供 託 物</td><td>本店：1,000万円
支店：500万円
有価証券でもOK！</td><td>本店：60万円
支店：30万円
金銭のみ。有価証券ダメ！</td><td>分担金と同額

有価証券でもOK！</td></tr>
<tr><td rowspan="2">期間</td><td>最初の供託等</td><td>供託し，免許権者に届け出ないと事業を開始できない</td><td>加入しようとする日までに納付</td><td>分担金納付を受けた日から1週間以内に供託</td></tr>
<tr><td>事務所増設</td><td>供託・届出しないと，その事務所で事業を開始できない（事前）</td><td>増設の日から2週間以内に納付（事後）</td><td>納付を受けた日から1週間以内に供託</td></tr>
<tr><td colspan="2">供託等がない場合</td><td>免許の日から3カ月届出なし⇒催告（必要的）
催告到達日から1カ月届出なし⇒免許取消（任意的）</td><td>事務所増設の日から2週間以内に納付しないと社員の地位を失う</td><td>※宅建業者は，社員の地位を失った場合，1週間以内に営業保証金を供託する</td></tr>
<tr><td colspan="2">還付対象</td><td>宅建業に関する『取引』によって生じた債権
※宅建業者を除く</td><td>－</td><td>営業保証金と同じ
加入前の取引も対象
※宅建業者を除く</td></tr>
<tr><td colspan="2">還 付 額</td><td>本店1,000万円＋
支店数×500万円</td><td>－</td><td>営業保証金と同額</td></tr>
<tr><td colspan="2">還付手続</td><td>直接供託所に申請</td><td>－</td><td>保証協会の認証
⇒供託所から還付</td></tr>
<tr><td colspan="2">不足額の充当等</td><td>免許権者の通知から2週間以内に供託し，さらに2週間以内に供託した旨を届け出る</td><td>保証協会の通知から2週間以内に還付充当金を納付する（納付しないと社員の地位を失う）</td><td>国土交通大臣の通知から2週間以内に供託し，免許権者にその旨の届出をする</td></tr>
<tr><td rowspan="2">取戻し・返還の手続き等</td><td>公告必要</td><td>宅建業者が公告をする（6カ月以上の期間必要）
【取戻事由】
・免許失効
・事務所の一部を廃止</td><td>保証協会が取り戻し，社員に返還する</td><td>保証協会が公告をする（6カ月以上の期間必要）
【取戻事由】
・社員の地位を失った</td></tr>
<tr><td>公告不要</td><td>【取戻事由】
・本店移転で最寄りの供託所が変更した場合（保管替えを除く）
・保証協会の社員となった
・10年経過</td><td></td><td>【取戻事由】
・事務所の一部を廃止</td></tr>
</table>

サクッと○×チェック！

1 営業保証金を供託している宅地建物取引業者Aと宅地建物取引業保証協会の社員である宅地建物取引業者Bに関して，一部の事務所を廃止した場合において，営業保証金又は弁済業務保証金を取り戻すときは，A，Bはそれぞれ還付を請求する権利を有する者に対して6カ月以内に申し出るべき旨を官報に公告しなければならない。
平成27年 問42

2 営業保証金を供託している宅地建物取引業者Aと宅地建物取引業保証協会の社員である宅地建物取引業者Bに関して，AとBが，それぞれ主たる事務所の他に3カ所の従たる事務所を有している場合，Aは営業保証金として2,500万円の供託を，Bは弁済業務保証金分担金として150万円の納付をしなければならない。 平成27年 問42

解答

1 × 一部の事務所を廃止した場合，保証協会の社員である宅建業者は公告不要です。

2 ○ 供託すべき営業保証金の額は，主たる事務所につき1,000万円，その他の事務所につき事務所ごとに500万円の割合による金額の合計額です。本問では，1,000万円＋500万円×3＝2,500万円となります。

これに対して，弁済業務保証金分担金の額は，主たる事務所につき60万円，その他の事務所につき事務所ごとに30万円の割合による金額の合計額です。本問では，60万円＋30万円×3＝150万円となります。いずれも正しい金額です。

試験開始後25分くらいが集中力の下がるポイントです。丁度宅建業法の真っ盛りだと思います。ミスが出やすい時間帯であることを認識しておきましょう。

媒介契約の規制（宅地建物取引業法）

★★★★★

学習日 ／ ／ ／ ／

https://youtu.be/h9jse472a78

媒介契約の問題は，少々細かい部分の知識が個数問題でもよく出題されます。知識の精度の高さが求められるテーマなので，重要ポイントを正確に押さえることを意識しましょう！

サクッとおさらい！

▶ 宅地建物取引士でなければできない事務（3つ）

①重要事項の説明
②重要事項の説明書面（35条書面）への記名
③37条書面（契約書）への記名

注意 宅地建物取引士による説明や記名

専任の宅建取引士である必要はありません。

まとめ ○…宅地建物取引士の事務　×…宅地建物取引士の必要なし

	媒介契約書	重要事項説明書	37条書面
説明	×	○	×
記名	×	○	○

▶ REINSへの登録

指定流通機構には，所在，規模，形質，売買価格（評価額），法令制限（主要なもの），専任・専属専任の旨を登録します。所有者の氏名・住所は不要です。

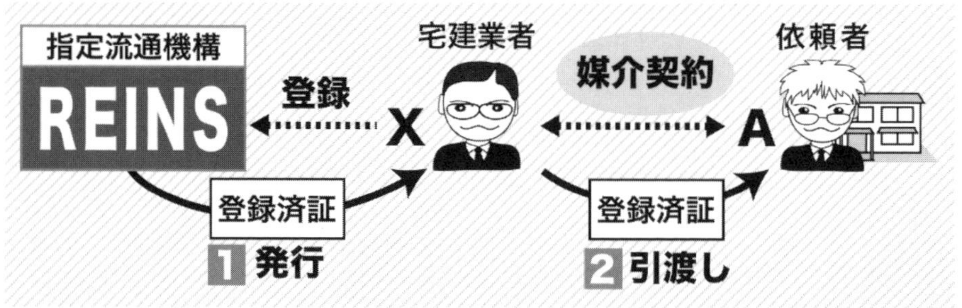

▶ 一般媒介・専任媒介・専属専任媒介

一般媒介・専任媒介・専属専任媒介の違いに注意して，整理しましょう。

ゆるい ――――――――→ 厳しい

	一般媒介	専任媒介	専属専任媒介
有効期間	規制なし	3カ月以内	3カ月以内
報告義務（休み含める）	規制なし	2週間に1回以上	1週間に1回以上
登録期間（休み含まない）	規制なし	7日以内	5日以内

GOROの合わせシリーズ　媒介契約の規制
https://youtu.be/f9xKZ81f7ow

注意 申込みがあった場合の報告義務

一般・専任・専属専任共通のルールです。媒介の目的物について**申込み**があったときは，遅滞なく，依頼者に**報告**しなければなりません。

上記の表にある「業務処理状況の報告義務」とは異なるので注意しましょう。

サクッと○×チェック！

1 宅地建物取引業者Aが，BからB所有の宅地の売却に係る媒介を依頼された場合に関して，AがBと一般媒介契約を締結した場合，当該一般媒介契約が国土交通大臣が定める標準媒介契約約款に基づくものであるか否かの別を，法第34条の2第1項に規定する書面に記載する必要はない。 平成28年 問27

2 宅地建物取引業者Aが，BからB所有の宅地の売却に係る媒介を依頼された場合に関して，AがBと一般媒介契約を締結した場合，当該宅地の売買の媒介を担当するAの宅地建物取引士は，法第34条の2第1項に規定する書面に記名する必要はない。 平成28年 問27

3 宅地建物取引業者Aが，B所有の甲宅地の売却の媒介を依頼され，Bと専任媒介契約を締結した場合に関して，AがBに対して，甲宅地に関する所定の事項を指定流通機構に登録したことを証する書面を引き渡さなかったときは，Aはそのことを理由として指示処分を受けることがある。 平成21年 問32

4 宅地建物取引業者Aが，B所有の甲宅地の売却の媒介を依頼され，Bと専任媒介契約を締結した場合に関して，AがBに対して，当該専任媒介契約に係る業務の処理状況を14日（ただし，Aの休業日は含まない。）に1回報告するという特約は有効である。 平成21年 **問32**

解答

1 × 宅地建物取引業者は，媒介契約（宅地・建物の売買・交換の媒介の契約）を締結したときは，遅滞なく，所定の事項を記載した媒介契約書面を作成して記名押印し，依頼者にこれを交付しなければなりません。そして，**当該媒介契約が国土交通大臣が定める標準媒介契約約款に基づくものであるか否かの別**は，媒介契約書面の記載事項です。これは，一般媒介契約を締結した場合でも記載する必要があります。

2 ○ 宅地建物取引業者は，媒介契約を締結したときは，遅滞なく，所定の事項を記載した媒介契約書面を作成して記名押印し，依頼者にこれを交付しなければなりません。

媒介契約書面では，宅地建物取引業者の記名押印は必要ですが，宅地建物取引士の記名は求められていません。

3 ○ 指定流通機構に登録をした宅地建物取引業者は，指定流通機構から発行された登録を証する書面を遅滞なく依頼者に引き渡さなければなりません。

これに違反すると，指示処分を受けることがあります。

4 × 専任媒介契約を締結した宅地建物取引業者は，依頼者に対し，業務の処理状況を2週間に1回以上報告しなければならず，この規定に反する特約は無効です。

そして，この2週間には，休業日数も含まれます。

本試験の日，試験開始直後のアドバイスです。
一斉にページをめくる音に慌てないように，ワンテンポずらしましょう。まずは表か裏の白ページに「自ら貸借」「宅一宅」「かつ・または　に注意！」「イルカジャンプ注意！」など自分のミスパターンを書いておくと，注意を忘れません。書くことで落ち着く効果もあります。

重要事項の説明（宅地建物取引業法）

★★★★★

学習日 ／ ／ ／ ／

https://youtu.be/IQ_FrjvPrVo
※152頁も参照

知識があいまいだと，本試験の個数問題の形式に弱くなります。

サクッとおさらい！

35条書面（重要事項説明書）

趣旨（ルールの目的）	物件の重要な情報を契約する前に伝える
義務を負う者	宅地建物取引業者
方式 （宅地建物取引士の事務）	宅地建物取引士の記名 宅地建物取引士の説明※
交付時期	契約を締結するまで
交付の相手	取得者，借主
交付の場所	規制なし（どこでもOK！）

※取得者，借主が宅建業者の場合は書面交付のみでよく，宅地建物取引士による重要事項の説明は不要です。

サクッと○×チェック！①

1 宅地建物取引業者が，宅地建物取引業者ではない個人から媒介業者の仲介なしに土地付建物を購入する場合，買主である宅地建物取引業者は重要事項説明書を作成しなくても宅地建物取引業法違反とはならない。 令和４年 問28

2 宅地建物取引業者は，土地売買の媒介を行う場合，宅地建物取引業者ではない売主に対して契約が成立する前までの間に，宅地建物取引士をして重要事項説明書を交付して説明をさせなければならない。 令和４年 問28

解答

1 ○ 重要事項説明は，これから買主・借主になろうとする者に対して，物件の概要について説明するものです。売買であれば，**買主**に対してのみ重要事項説明書を交付し，その内容を説明するものです。

教えてもらうべき立場の買主は，宅建業者であったとしても，重要事項説明書を作成する必要はありません。

2 × 重要事項説明は，これから買主・借主になろうとする者に対して，物件の概要について説明するものです。売主に対して，重要事項説明をする必要はありません。

▶ 35条説明事項まとめ（絶対に出る項目です!!　抜かりなく！）

<table>
<tr><th colspan="2" rowspan="2">売買・交換</th><th colspan="2">貸借</th></tr>
<tr><th>建物</th><th>宅地</th></tr>
<tr><td>①</td><td colspan="3">登記された権利の種類・内容（例　登記された抵当権），登記名義人等の氏名</td></tr>
<tr><td>②</td><td colspan="3">法令上の制限（都市計画法，建築基準法など）
例　用途規制，建蔽率，容積率など
※建物の貸借　⇒　説明必要と説明不要のものがある（ほとんどが説明不要）</td></tr>
<tr><td>③</td><td colspan="3">私道に関する負担
※負担がないとき　⇒　負担なしと説明　※建物の貸借　⇒　説明不要</td></tr>
<tr><td>④</td><td colspan="3">飲用水・電気・ガス・排水施設の整備状況
※整備されていないとき　⇒　整備の見通し，特別の負担を説明</td></tr>
<tr><td>⑤</td><td colspan="3">未完成物件について，完成時の形状・構造
※図面を必要とするとき　⇒　図面を交付して説明</td></tr>
<tr><td>⑥</td><td colspan="3">代金（交換差金），借賃以外に授受される金銭の額・授受の目的
例　手付金，敷金，権利金など</td></tr>
<tr><td>⑦</td><td colspan="3">契約の解除</td></tr>
<tr><td>⑧</td><td colspan="3">損害賠償額の予定，違約金</td></tr>
<tr><td>⑨</td><td colspan="3">支払金，預り金を受領する場合，保全措置の有無・概要</td></tr>
<tr><td>⑩</td><td colspan="3">造成宅地防災区域，土砂災害警戒区域，津波災害警戒区域にある旨</td></tr>
<tr><td>⑪</td><td colspan="3">水害ハザードマップにおける宅地・建物の所在地</td></tr>
<tr><td>⑫</td><td colspan="2">石綿使用の有無の調査結果の記録の内容　記録ある⇒説明必要</td><td></td></tr>
<tr><td>⑬</td><td colspan="2">耐震診断の内容
※耐震診断を受けているもの
※昭和56年５月31日以前に着手したもの</td><td></td></tr>
<tr><td>⑭</td><td colspan="2">建物状況調査の実施の有無，及び，実施している場合の結果の概要</td><td>既存建物のみ！</td></tr>
<tr><td>⑮</td><td>建物建築・維持保全の状況の書類の保存状況</td><td>既存建物のみ！</td><td></td></tr>
<tr><td>⑯</td><td>担保責任（契約不適合責任）の履行に関する措置の有無・措置の概要</td><td></td><td></td></tr>
<tr><td>⑰</td><td>住宅性能評価を受けた新築住宅</td><td></td><td></td></tr>
<tr><td>⑱</td><td>手付金等の保全措置の概要</td><td></td><td></td></tr>
<tr><td>⑲</td><td>代金（交換差金）の金銭貸借のあっせん内容等</td><td></td><td></td></tr>
<tr><td>⑳</td><td>割賦（ローン）販売の販売価格，支払い時期等</td><td></td><td></td></tr>
</table>

㉑		建物の設備…台所，浴室，便所等の整備状況	
㉒		契約期間，契約更新 ※定めがない場合，定めがないことの説明	
㉓		敷金等の精算 (例) 滞納家賃との相殺，原状回復費用への充当	
㉔		管理の委託：受託者の氏名・住所（法人：商号・名称，主たる事務所の所在地）	
㉕		宅地建物の用途その他の利用の制限	
㉖		定期建物賃貸借	定期借地権
		終身建物賃貸借	
㉗			宅地貸借：契約終了時の建物取壊しの定め

区分所有建物の場合に追加される記載事項　★貸借で不要となるものに注意！

	売買・交換	貸借
㉘	管理が委託されているとき，受託者の氏名・住所（法人は，商号・名称，主たる事務所の所在地）	
㉙	**専有部分の利用の制限**に関する規約（案）の定め（定めがあればその内容を説明） (例) ペット・楽器演奏禁止など	
㉚	敷地に関する権利の種類・内容 (例) 所有権（面積），借地権（面積，契約期間，賃料）	
㉛	共用部分に関する規約（案）の定め (例) 共用部分の持分，集会室	定めがあればその内容を説明
㉜	一棟の建物又はその敷地の一部を特定の者にのみ使用を許す旨の規約（案）の定め (例) 駐車場（使用する者，使用料），専用庭	定めがあればその内容を説明
㉝	計画修繕積立金に関する旨の規約（案）の定め，積立額 ※滞納がある　⇒　滞納額も説明	定めがあればその内容を説明
㉞	負担すべき通常の管理費用 ※滞納がある　⇒　滞納額も説明	
㉟	計画修繕費・管理費を減免する旨の規約（案）の定め (例) 分譲マンションの売れ残り	定めがあればその内容を説明
㊱	維持修繕の実施状況 ※記録がある　⇒　説明必要！	

サクッと〇×チェック！②

1 宅地建物取引業者間の取引における宅地建物取引業法第35条に規定する重要事項の説明及び重要事項を記載した書面（「重要事項説明書」）の交付について，建物の売買においては，その建物が種類若しくは品質に関して契約の内容に適合しない場合におけるその不適合を担保すべき責任の履行に関し保証保険契約の締結などの措置を講ずるかどうか，また，講ずる場合はその概要を重要事項説明書に記載しなければならない。 平成30年 問35

2 宅地建物取引業者が建物の売買の媒介の際に行う宅地建物取引業法第35条に規定する重要事項の説明に関し，当該建物（昭和56年5月31日以前に新築の工事に着手したもの）が指定確認検査機関，建築士，登録住宅性能評価機関又は地方公共団体による耐震診断を受けたものであるときは，その旨を説明しなければならない。 令和4年 問34

3 宅地建物取引業者が建物の売買の媒介の際に行う宅地建物取引業法第35条に規定する重要事項の説明に関し，既存の建物の売買の媒介を行う場合，当該建物の建築確認済証がなくなっているときは，その旨を説明すればよい。 令和4年 問34

4 宅地建物取引業者が行う宅地建物取引業法第35条に規定する重要事項の説明をする場合に関して，建物の売買の媒介を行う場合，天災その他不可抗力による損害の負担に関する定めがあるときは，その内容について，説明しなければならない。
平成29年 問33

5 宅地建物取引業者が行う宅地建物取引業法第35条に規定する重要事項の説明にあたって，土地の売買の媒介を行う場合，移転登記の申請の時期の定めがあるときは，その内容を説明しなければならない。 平成29年 問41

6 宅地建物取引業者が行う宅地建物取引業法第35条に規定する重要事項の説明にあたって，中古マンションの売買の媒介を行う場合，当該マンションの計画的な維持修繕のための費用の積立てを行う旨の規約の定めがあるときは，その内容及びすでに積み立てられている額について説明しなければならない。 平成29年 問41

7 宅地建物取引業者Aが，マンションの分譲に際して行う宅地建物取引業法第35条の規定に基づく重要事項の説明に関して，当該マンションの建物又はその敷地の一部を特定の者にのみ使用を許す旨の規約の定めがある場合，Aは，その内容だけでなく，その使用者の氏名及び住所について説明しなければならない。 平成20年 問37

解答

1 ○ 宅地建物取引業者は，対象となる宅地・建物の種類・品質に関して契約の内容に適合しない場合におけるその**不適合を担保すべき責任**の**履行**に関し保証保険契約の締結その他の**措置を講ずるかどうか**，及びその措置を講ずる場合におけるその**措置の概要**を，重要事項説明書に記載する必要があります。

2 × **「昭和56年５月31日以前に着工された建物につき，耐震診断を受けたものであるときには，その内容」**を説明する必要があります。本問では「(その旨＝）耐震診断を受けた」ことを説明すればよいとなっていますが，「耐震診断の内容」を説明しなければ，説明が不十分です。

建物状況調査を実施しているかどうかを説明しても，実施している場合にその結果の概要を説明しないと説明義務を果たしたことにはなりません。その結果の概要を説明しないと，宅建業法に違反します。

3 ○ 既存の建物の売買については，「設計図書，点検記録その他の建物の**建築及び維持保全の状況に関する書類で国土交通省令で定めるものの保存の状況**」が重要事項とされています。

説明すべき重要事項は，「書類の保存の状況」です。「建築確認済証がなくなっているとき」は，「その旨＝なくなっている」と説明すれば説明義務を果たしたことになります。

4 × 天災その他不可抗力による損害の負担に関する定めがあるときのその内容については，説明しなければならない事項に挙げられていません。なお，これは37条書面の任意的記載事項です。

☞ 重要事項の説明については，必ずテキスト・講義などを活用して，網羅的に押さえるようにしましょう！ **4**のように，～に関する定めがあるときは，契約をするときに特約を定める場面とほぼ一致します。そこで，契約前（まだ特約を設定するかどうか不明な段階）に説明することになる重要事項の説明（35条）では，不要となると考えましょう。

一方，契約のときに特約を定めるのであれば，証拠として契約書（37条書面）には記載することになると考えましょう。考え方を身につけることによって，覚えるための負担がドンドン軽くなっていきます。

5 × 移転登記の申請の時期の定めがあるときのその内容は，説明しなければならない事項ではありません。なお，移転登記の申請の時期は，37条書面の必要的記載事項です。

6 ○ 区分所有建物の売買の場合，「当該一棟の建物の計画的な維持修繕のための費用の積立てを行う旨の規約の定めがあるときは，その内容及び既に積み立てられている額」について説明しなければなりません。

☞ 考え方を学び，理解することで，覚える負担を軽くしましょう。❺❻の定めに関する違いが理解できると，覚える負担がグッと減ってきます。❺の定めは，契約当事者が話し合って定める特約なので，重要事項説明は不要です。❻の定めは，契約当事者が話し合って定めるものではなく，売主が買主に売却するマンションにすでに定められている規約についての説明（取引するマンション自体に関する説明）なので，重要事項説明が必要になります。

7 ×　マンションの建物又はその敷地の一部を特定の者にのみ使用を許す旨の規約の定め（その案を含む）があるときは，その内容を説明しなければなりません。この場合，使用者の氏名・住所については，説明不要です。

CHAPTER 4-08の動画

https://youtu.be/ykCaF5sc2ok

https://youtu.be/gV26H5pMZ5A

37条書面（宅地建物取引業法）

★★★★★

学習日 ／ ／ ／ ／

https://youtu.be/ddbqqr24JCM

重要事項説明（35条），契約書（37条書面）に関する基本知識は穴の無いように仕上げましょう。

サクッとおさらい！

▶ 契約不適合責任に関する35条書面（重要事項説明書）と37条書面の比較

	35条書面	37条書面
種類・品質に関する契約不適合を担保すべき責任（責任を負うかどうか）	記載不要 （重要事項説明不要）	定めがあるときは，その内容
種類・品質に関する契約不適合を担保すべき責任の『履行』に関して講ずべき保証保険契約の締結等の措置	講ずるかどうか 講ずる場合は，その措置の概要	定めがあるときは，その内容

▶ 37条書面の記載事項（絶対に出ます！）

37条書面に記載しなければならない事項には，売買契約等に必要不可欠な要素である**必要的記載事項**と契約の当事者が話し合って決めた特約に関する**任意的記載事項**があります。

重要 必要的記載事項

以下の事項は，売買，交換，賃貸借の契約に必要不可欠な要素です。

①当事者の氏名・住所
②宅地・建物を特定する表示（所在・地番など）

★既存建物 **注意 貸借は不要！**
建物の構造耐力上主要な部分等の状況について当事者の双方が確認した事項

③**代金**（交換差金）・**借賃**の額，支払**時期**，方法
④宅地建物の**引渡し時期**
⑤移転**登記**の申請**時期**

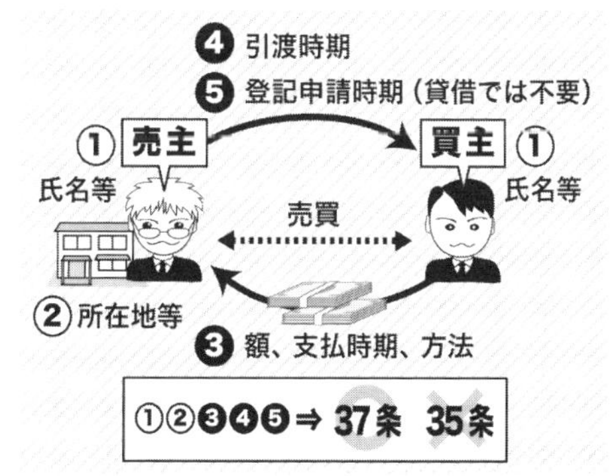

注意 ⑤貸借は不要！

賃借権登記はしないことがほとんどであるため。

重要 35条書面との比較

①～⑤は35条書面では不要。特に③④⑤に注意！

▶ 任意的記載事項（≒任意の特約を設定した場合に，記載しておく事項）

任意的記載事項とは，契約の際に当事者が話し合って**特約を定めた**（例 契約の解除，天災その他不可抗力による損害の負担などについて，民法と異なる特別ルールを取り決めた）場合，その**特約の定めは必ず記載しなければならない事項**です（特約の定めがなければ，法律のルールどおりなので記載は不要）。

当事者が話し合って定めた契約内容については，他に証拠・証明手段がないため，37条書面（契約書）に記載することになっています。

定めがある場合にのみ記載する事項	貸借の場合
⑥代金・交換差金・借賃以外の金銭の授受に関する定めがあるときは，その額，授受の時期，目的	必要
⑦契約の解除に関する定めがあるときは，その内容	必要
⑧損害賠償額の予定・違約金に関する定めがあるときは，その内容	必要
⑨天災その他不可抗力による損害の負担（危険負担）に関する定めがあるときは，その内容	必要
⑩宅地建物の租税公課の負担に関する定めがあるときは，その内容	不要
⑪宅地建物の種類・品質に関する契約不適合責任（担保責任）についての定めがあるときは，その内容 契約不適合責任（担保責任）の履行に関して講ずべき保証保険契約の締結その他の措置についての定めがあるときは，その内容	不要
⑫代金・交換差金についての金銭の貸借（ローン）のあっせんに関する定めがある場合は，その不成立のときの措置	不要

ワンポイント **37条書面の記載事項は覚えなくて大丈夫！**

覚えなくても考えればわかります。まず，**必要的記載事項**（必ず記載する事項）は，「どんな場合でも37条書面に記載するものには何があるのか」をイメージで理解しましょう。

注意 **必要的記載事項（①②★）③④⑤は，35条の重要事項説明が不要となることも押さえます。**

その上で，**任意的記載事項**（特約がある場合に記載する事項）は，「**～の定めがある**」「**～の取り決めがある**」など，**特約があれば記載する**と考えます。売買に関する本試験問題は，コレだけで解けます。

注意 貸借の例外

貸借については，「～の定め」とあっても**記載しない例外が３つ**ありますので押さえます。

- 租税公課の負担の定め…⑩
- 契約不適合責任（担保責任）・履行措置についての定め…⑪
- ローンのあっせんの定めと不成立時の措置…⑫

ワンポイント 貸借の場合に，定めがあっても不要なもの３つのゴロ合わせ

貸借の場合に，定めがあっても不要となるもの（３つ）は，ゴロ合わせで乗り切る！

GORO♪
高価な担保とローンは，いらない！
（公課）（担保）（ローン）　⇒　貸借の場合，定め（特約）があっても不要！

重要 37条書面（契約書）

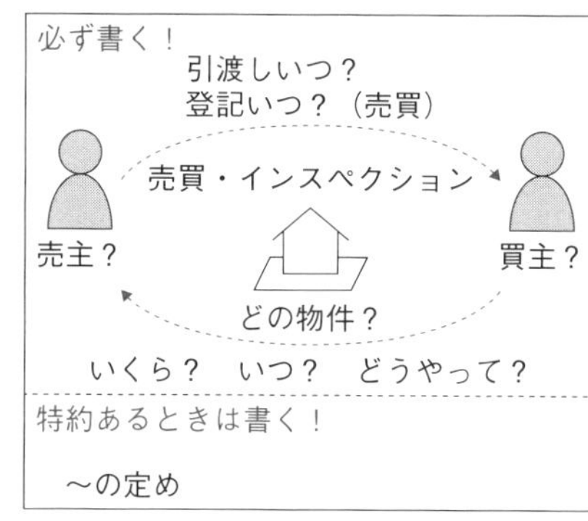

なんのためにつくるのか？
→証拠

話し合って決めたこと
→「特約」～の定め・～の取り決め

重要 2023年重要法改正

①記名と押印の比較

	記名	押印
媒介書面（34条の２）	○　宅建業者の記名	○　宅建業者の押印
重要事項説明書（35条）	○　宅建取引士の記名	×　不要
37条書面	○　宅建取引士の記名	×　不要

②媒介書面（34条の２），重要事項説明書（35条），37条書面のデジタル化

承諾があれば，電磁的方法（電磁的記録）によって提供することができます。電磁的方法（電磁的記録）によって提供した場合，書面を交付したものとして扱われます。

サクッと○×チェック！

1 宅地建物取引業法第37条の規定により交付すべき書面（「37条書面」）に関して，売主である宅地建物取引業者Eの宅地建物取引士Fは，宅地建物取引業者ではない買主Gに37条書面を交付する際，Gから求められなかったので，宅地建物取引士証をGに提示せずに当該書面を交付した。これは，宅地建物取引業法の規定に違反しない。 平成29年 問40

2 宅地建物取引業法第37条の規定により交付すべき書面（「37条書面」）に関して，宅地建物取引業者Hは，宅地建物取引業者ではない売主Ｉから中古住宅を購入する契約を締結したが，Ｉが売主であるためＩに37条書面を交付しなかった。これは，宅地建物取引業法の規定に違反しない。 平成29年 問40

3 宅地建物取引業者Aが，宅地建物取引業法第37条の規定により交付すべき書面（「37条書面」）に関して，Aは，自ら売主となる宅地の売買契約において，手付金等を受領するにもかかわらず，37条書面に手付金等の保全措置の内容を記載しなかった。

これは，宅地建物取引業法の規定に違反しない。 平成29年 問38

4 宅地建物取引業者Aが，宅地建物取引業法第37条の規定により交付すべき書面（「37条書面」）に関して，Aは，自ら売主となる宅地の売買契約において契約不適合責任に関する特約を定めたが，買主が宅地建物取引業者であり，契約不適合責任に関する特約を自由に定めることができるため，37条書面にその内容を記載しなかった。

これは，宅地建物取引業法の規定に違反しない。 平成29年 問38

解答

1 ○ 宅地建物取引士が宅地建物取引士証を提示する必要があるのは，①**重要事項の説明をするとき**と，②**取引の関係者から請求があったとき**です。

37条書面を交付する際は，相手方から求められなければ，宅地建物取引士証を提示する必要はありません。

2 × 宅地建物取引業者は，自ら当事者として契約を締結したときは「その相手方」に，当事者を代理して契約を締結したときはその相手方及び代理を依頼した者に，その媒介により契約が成立したときは当該契約の各当事者に，遅滞なく，37条書面を交付しなければなりません。

したがって，宅地建物取引業者Hは，契約の相手方であるIに37条書面を交付しなければなりません。

相手方が売主であっても37条書面の交付は必要です。本問は，宅地建物取引業法の規定に違反します。

☞ ちょっとでも迷ったらキケン信号！ 本試験で迷ったら失敗する可能性が高いので要注意！

3 ○ 宅地建物取引業法の規定に違反しません。

(売主と買主の間の直接の金銭の授受に関する) 手付金などの「代金等以外の金銭の授受に関する定めがあるときは，その額並びに当該金銭の授受の時期及び目的」は，37条書面の記載事項です。しかし，(売主と買主の間の直接の金銭の授受に関するものではない)「手付金等の保全措置の内容」は，37条書面の記載事項ではありません。売主と買主で話し合って決める特約ではないからです。

4 × 宅地建物取引業法の規定に違反します。

宅地建物の売買・交換の場合，「当該宅地若しくは建物が種類若しくは品質に関して契約の内容に適合しない場合におけるその不適合を担保すべき責任についての定めがあるときは，その内容」は，37条書面の記載事項です。

たとえ買主が宅地建物取引業者であっても，特約を定めたときは，その内容を必ず記載しなければなりません。

☞ 37条書面の記載事項は，多くの受験生が苦手にするテーマです。ライバルに差をつけるチャンス！ 攻略するアプローチは大きく分けて2つあります。完璧に覚えるか？ 考え方を身につけて解けるようにするか？ 覚えるのが苦手な方は，考え方を身につけて解くアプローチがおススメです！

35条重要事項説明書と37条書面(宅地建物取引業法)

★★★★★

学習日 ／ ／ ／ ／

https://youtu.be/D6sH92u0mnl

記載事項についての基本的な考え方は次のとおりです。35条書面に記載するのは，物件に関する情報です。37条書面に記載するのは，契約に不可欠な要素（必要的記載事項）と話し合って決めたこと（任意的記載事項）です。

サクッとおさらい！

▶ 35条書面と37条書面の比較（比較の視点で両方押さえる！）

	35条書面（重要事項説明書）	37条書面（契約書）
趣旨（ルールの目的）	物件の重要な情報を契約する前に伝える	どのような内容の契約をしたのか証拠をつくる
義務を負う者	宅建業者	宅建業者
方式（宅建取引士の事務）	宅建取引士の記名 宅建取引士の説明	宅建取引士の記名
交付時期	契約を締結するまで	契約締結後，遅滞なく
交付の相手	取得者，借主	契約の両当事者
交付の場所	規制なし（どこでもOK！）	規制なし（どこでもOK！）

注意 取得者，借主が宅建業者の場合（35条重要事項説明）

35条書面を交付するだけで足ります。宅地建物取引士による口頭の重要事項説明は不要です。書面の交付だけでOK！

重要 35条書面（重要事項説明書）と37条書面

「代金（交換差金）・借賃」と「代金（交換差金）・借賃以外の金銭」の違いを理解します。

▶ 代金（交換差金）・借賃（「以外」とどうちがう？）

	額	支払時期	方法	目的
35条	―	―	―	―
37条	○	○	○	―

ワンポイント **考え方を理解！**

まず，35条は，代金・借賃が確定していない契約をする前の場面です。35条の義務があると，不都合が生じる可能性が高くなります。契約締結までの間に代金・借賃交渉がされる可能性があり，金額が変わったら35条（重要事項説明）をやり直さなければならなくなってしまうのです。

一方，37条は，代金・借賃が確定した契約をした後の場面です。目的は，代金（交換差金）または借賃と明らかなので，記載義務はありません。例えば，「売買契約　3,000万円」と記載があれば，売買代金と判断できます。

▶ 代金（交換差金）・借賃「以外」の金銭

	額	授受の時期	方法	目的
35条	○	−	−	○
37条	○※	○※	−	○※

※定めがあるとき（授受があるとき）に記載が必要。

ワンポイント **考え方を理解**

借賃「以外」のお金は，なんのお金か，その目的を明確にする必要があります（例　権利金，敷金，手付金など）。例えば，「権利金　300万円」のように，額と目的を記載します。さらに，**37条書面**では，授受の**時期**が確定しているので記載が必要です。

ワンポイント **ここはテクニックで！**

時期⇨35条（契約前で未確定）では，不要！
37条（契約時に確定！）では，必要！

サクッと○×チェック！

※以下，「35条書面」とは，同法第35条の規定に基づく重要事項を記載した書面を，「37条書面」とは，同法第37条の規定に基づく契約の内容を記載した書面をいうものとする。

1 宅地建物取引業者は，抵当権に基づく差押えの登記がされている建物の貸借の媒介をするにあたり，貸主から当該登記について告げられなかった場合であっても，35条書面及び37条書面に当該登記について記載しなければならない。 平成23年 **問34**

2 宅地建物取引業者は，37条書面の作成を宅地建物取引士でない従業者に行わせることができる。 平成23年 問34

3 宅地建物取引業者Aが，自ら売主として宅地建物取引業者ではない買主Bに対し建物の売却を行う場合における宅地建物取引業法第35条に規定する重要事項の説明に関して，Aは，Bに対し，代金以外に授受される金銭の額だけでなく，当該金銭の授受の目的についても説明しなければならない。 令和３年（10月） 問26

4 Aが自ら売主として建物を売却する場合，当該売買契約に際し，買主から支払われる手付金の額が売買代金の５％未満であるときは，当該手付金の額の記載があれば，授受の時期については37条書面に記載しなくてもよい。 令和３年（10月） 問41

解答

1 × 宅地建物取引業者は，売主（貸主）が買主（借主）に対して売買（貸借）する宅地・建物に関する重要な情報として，宅地・建物の上に存する登記された権利の種類及び内容等を，35条書面に記載しなければなりません。これは，貸主から告げられなかった場合でも，義務を負います。しかし，登記に関する事項は，売主と買主が話し合って決めたことではなく，37条書面の記載事項ではありません。

2 ○ 宅地建物取引業者は，37条書面を作成したときは，宅地建物取引士をして，当該書面に記名させなければなりません。

しかし，37条書面の作成や交付は，宅地建物取引士以外の者が行っても問題はありません。

3 ○ その通り。

4 × 代金以外の金銭の授受に関する定めがあるときは，その額，授受の時期・目的を37条書面に記載しなければなりません。

契約内容なので，５％未満であっても省略できません。

わかった♪を大切に学ぶことで，覚えなければいけないことをドンドン減らすことができます。

建物状況調査・インスペクション（宅地建物取引業法）

★★★★★

学習日 ／ ／ ／ ／

みやざき塾
サクッと3分トレ!

https://youtu.be/zlwP8l0hhEo

近年の最重要法改正でもある建物状況調査（インスペクション）関連の重要ポイントは正確に押さえましょう。

サクッとおさらい！

▶ 書面の種類・内容と貸借の扱い

売買・交換のときはすべて必要です。貸借でも必要かどうか注意しましょう！

書面の種類	内　容	貸借
媒介契約書面	建物状況調査を実施する者のあっせんに関する事項	不要
重要事項の説明①	建物状況調査（実施後１年を経過していないものに限る）を実施しているかどうか，及びこれを実施している場合におけるその結果の概要	必要
重要事項の説明②	設計図書，点検記録その他建物の建築及び維持保全の状況に関する書類で国土交通省令で定めるものの保存の状況	不要
37条書面	建物の構造耐力上主要な部分等の状況について当事者の双方が確認した事項	不要

重要 既存の建物の取引における情報提供の充実
新築では不要です。

▶ 媒介契約の規制

宅地建物取引業者は，**既存の建物**の**売買**又は**交換**の媒介の契約を締結したときは，**建物状況調査を実施する者のあっせん**に関する事項を媒介契約書面に記載し，**依頼者に交付**しなければなりません。

注意 貸借では不要。（売買・交換のみ）

注意 記載する事項は「あっせん」について
建物状況調査そのものではありません。

▶ 重要事項の説明

宅地建物取引業者は，**既存の建物の取得者**又は**借主**となる者に対して，当該既存の建物の売買，交換又は貸借の契約が成立するまでの間に，宅地建物取引士をして，次の①②について重要事項説明書に記載し，その**書面を交付して説明**をさせなければなりません。

①**建物状況調査**（実施後１年を経過していないものに限る）**を実施しているかどうか**，及びこれを**実施している場合におけるその結果の概要**

注意 **売買・交換・貸借について，重要事項説明が必要。**
調査がされていない場合，建物状況調査をする義務はありません。

②**設計図書，点検記録その他建物の建築及び維持保全の状況に関する書類**で国土交通省令で定めるものの**保存の状況**

注意 **書類の内容ではありません。**

注意 **売買・交換について，重要事項説明が必要。貸借では不要。**

▶ 37条書面

宅地建物取引業者は，既存の建物の**売買**又は**交換**の契約が成立したときは，**建物の構造耐力上主要な部分等の状況**について**当事者の双方**が確認した事項を37条書面に記載し，当事者に交付しなければなりません。

注意 **貸借では不要。（売買・交換のみ）**

サクッと○×チェック！

1 宅地建物取引業者Aは，Bが所有し，居住している甲住宅の売却の媒介を，また，宅地建物取引業者Cは，Dから既存住宅の購入の媒介を依頼され，それぞれ媒介契約を締結した。その後，B及びDは，それぞれA及びCの媒介により，甲住宅の売買契約（「本件契約」）を締結した。CがDとの間で媒介契約を締結する2年前に，甲住宅はすでに建物状況調査を受けていた。この場合において，A及びCは，本件契約が成立するまでの間に，Dに対し，建物状況調査を実施している旨及びその結果の概要について説明しなければならない。 平成30年 問27

2 宅地建物取引業者Aは，Bが所有し，居住している甲住宅の売却の媒介を，また，宅地建物取引業者Cは，Dから既存住宅の購入の媒介を依頼され，それぞれ媒介契約を締結した。その後，B及びDは，それぞれA及びCの媒介により，甲住宅の売買契約（「本件契約」）を締結した。A及びCは，Dが宅地建物取引業者である場合であっても，法第37条に基づき交付すべき書面において，甲住宅の構造耐力上主要な部分等の状況について当事者の双方が確認した事項があるときにその記載を省略することはできない。 平成30年 問27

3 宅地建物取引業者が行う宅地建物取引業法第35条に規定する重要事項の説明に関し，建物の売買の媒介を行う場合，当該建物が既存の住宅であるときは，建物状況調査を実施しているかどうかを説明しなければならないが，実施している場合その結果の概要を説明する必要はない。 令和2年（10月） 問31

4 既存の建物の売買の媒介を行う場合，当該建物の建築確認済証がなくなっているときは，その旨を説明すればよい。 令和2年（12月） 問42

解答

1 × 重要事項として説明しなければならない建物状況調査は，**実施後1年以内**のものに限ります。2年経過している建物状況調査については，説明する必要はありません。

2 ○ 既存の建物の売買・交換契約を締結した場合の37条書面には，建物の構造耐力上主要な部分等の状況について当事者の双方が確認した事項について記載をする必要があります。37条書面については，宅地建物取引業者間取引であっても省略することができる事項はありません。

☞ 宅建業者同士の場合の扱いに注意しましょう！

3 × 既存住宅の売買・貸借については，1年以内に「**建物状況調査を実施しているかどうか，及びこれを実施している場合におけるその結果の概要**」について説明する必要があります。

建物状況調査を実施しているかどうかを説明しても，実施している場合にその結果の概要を説明しないと説明義務を果たしたことにはなりません。その結果の概要を説明しないと，宅建業法に違反します。

4 ○ 既存の建物の売買については，「設計図書，点検記録その他の建物の**建築及び維持保全の状況に関する書類で国土交通省令で定めるものの保存の状況**」が重要事項とされています。

説明すべき重要事項は，「書類の保存の状況」です。「建築確認済証がなくなっているとき」は，「その旨＝なくなっている」と説明すれば説明義務を果たしたことになります。

8種制限（宅地建物取引業法）

★★★★★

学習日	/	/	/	/

https://youtu.be/PimZyYdEsv8
https://youtu.be/UZsJPTMf4Zo

クーリング・オフは，近年やや難しい問題が出題されやすく，差がつきやすいテーマです。

サクッとおさらい！

▶ クーリング・オフ

GORO合わせシリーズ
クーリング・オフ
できなくなる場合
https://youtu.be/ANM9pMolo48

場所	
売主（宅建業者）の事務所等	クーリング・オフできない
媒介・代理（宅建業者）の事務所等	クーリング・オフできない
売主でもない，媒介・代理でもない 単なる知り合いの宅建業者の事務所等	クーリング・オフできる

サクッと○×チェック！①

1 宅地建物取引業者Ａ社が，自ら売主として宅地建物取引業者でない買主Ｂとの間で締結した宅地の売買契約について，Ｂが宅地建物取引業法第37条の２の規定に基づき，いわゆるクーリング・オフによる契約の解除をする場合に関して，Ｂは，月曜日にホテルのロビーにおいて買受けの申込みをし，その際にクーリング・オフについて書面で告げられ，契約を締結した。Ｂは，翌週の火曜日までであれば，契約の解除をすることができる。 平成25年 問34

解答

1 ×　ホテルのロビーは事務所等には該当しませんので，ホテルのロビーで買受けの申込みをした買主はクーリング・オフが可能です。ただし，クーリング・オフについて書面により告げられた日から起算して８日を経過すると，クーリング・オフはできなくなります。月曜日に書面により告げられた場合，その日から起算すると翌週の火曜日は９日目にあたりますので，クーリング・オフをすることはできません。

▶ 手付金の保全措置

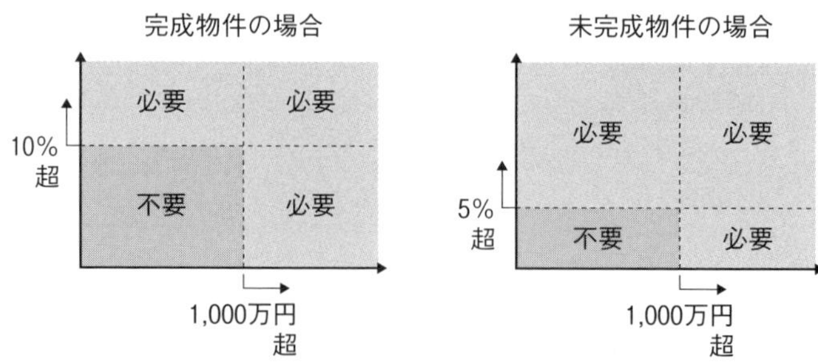

▶ 保全措置が不要となる場合

次の①②のいずれかにあたる場合は，保全措置を講じる必要はありません。

① 買主が所有権の**登記**を備えた場合

② **受領する手付金等の額**が，次の金額の場合

完成物件	代金の10%以下，かつ，1,000万円以下
未完成物件	代金の５%以下，かつ，1,000万円以下

注意 **契約締結時で，完成物件か，未完成物件か判断します。**

▶ 手付額の制限

宅建業者が売主となり，宅建業者でない者が買主となる場合，**売買代金額の２割（20%）を超える額の手付を受領することはできません。**２割（20%）を超えて手付を受領した場合には，**超える分**について**のみ**，**無効**です。

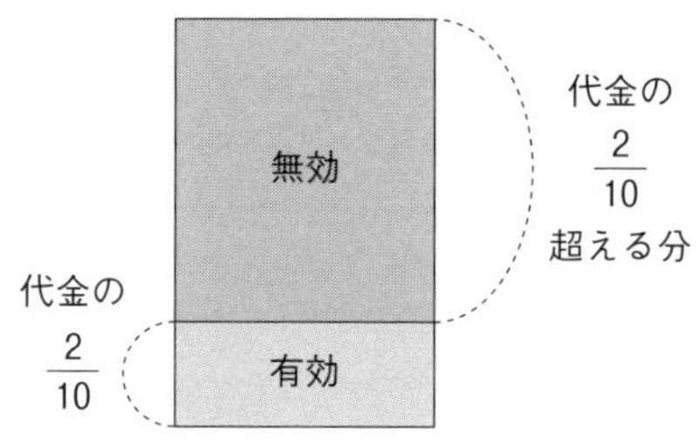

▶ 売主が宅建業者，買主が宅建業者の場合

以下のルールは不要となります。

- **還付を受ける権利**（営業保証金，保証協会・弁済業務保証金）
- **供託所などの説明**（営業保証金，保証協会・弁済業務保証金）
- **重要事項の説明**（35条）における，**宅建取引士による口頭の説明** ！注意
- **８種制限**
- 住宅瑕疵担保履行法の**資力確保の措置**

！注意 35条書面の交付は必要です。

売主（宅建業者），媒介・代理（宅建業者）⇒必要

買主（宅建業者）⇒不要（自分に対する交付義務はない）

発展 信託の受益権の場合

例外の例外で，信託の受益権の場合は買主が宅建業者でも，宅建取引士による口頭の説明が必要です。信託の受益権については宅建業者のすべてが詳しいわけではないからです。

▶ 割賦販売の制限

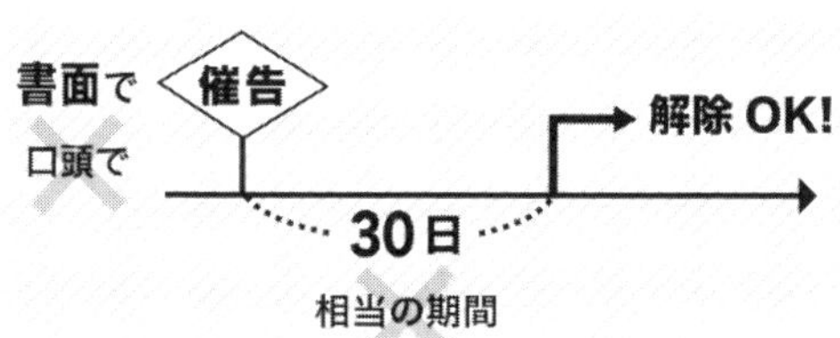

	期間	催告の方式
民法	相当の期間 （比較的，短い期間）	口頭でもOK！
自ら売主８種制限	30日以上	書面 （口頭ではダメ！）

▶ 所有権留保の禁止

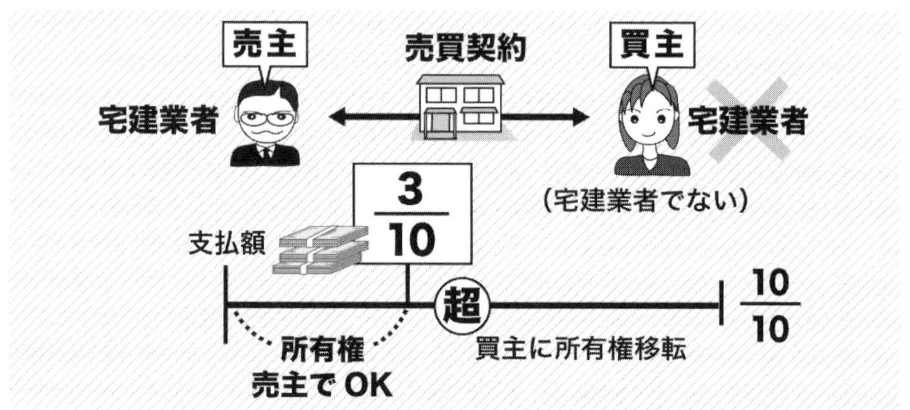

GORO合わせシリーズ　割賦販売の特別ルール
https://youtu.be/vVQjK7Qf5Jk

サクッと〇×チェック！②

1　宅地建物取引業者Aが，自ら売主として買主との間で建築工事完了前の建物を5,000万円で売買する契約をした場合において，宅地建物取引業法第41条第1項に規定する手付金等の保全措置（「保全措置」）に関して，Aは，宅地建物取引業者であるBと契約を締結し，保全措置を講じずに，Bから手付金として1,000万円を受領した。これは，宅地建物取引業法の規定に違反する。 平成26年 問33

2　宅地建物取引業者Aが，自ら売主として買主との間で建築工事完了前の建物を5,000万円で売買する契約をした場合において，宅地建物取引業法第41条第1項に規定する手付金等の保全措置（「保全措置」）に関して，Aは，宅地建物取引業者でないDと契約を締結し，保全措置を講じることなくDから手付金100万円を受領した後，500万円の保全措置を講じた上で中間金500万円を受領した。これは，宅地建物取引業法の規定に違反する。 平成26年 問33

3　宅地建物取引業者A社が自ら3,000万円の宅地の売主となる場合，手付金の保全措置を講じれば，宅地の引渡し前に手付金として1,000万円を受領することができる。
オリジナル

4 宅地建物取引業者A社が，自ら売主として建物の売買契約を締結する際の特約に関して，当該建物が中古建物である場合，宅地建物取引業者でない買主Eとの間で，「種類又は品質に関する契約不適合責任について買主Eが不適合である旨を売主A社へ通知する期間は，売買契約締結の日にかかわらず引渡しの日から2年間とする」旨の特約を定めること。これは，宅地建物取引業法の規定に違反する。

平成24年 問39 改題

5 宅地建物取引業者A社が，自ら売主として建物の売買契約を締結する際の特約に関して，当該建物が新築戸建住宅である場合，宅地建物取引業者でない買主Fとの間で，「Fは，A社が契約不適合責任を負う期間内であれば，損害賠償の請求をすることはできるが，契約の解除をすることはできない」旨の特約を定めること。これは，宅地建物取引業法の規定に違反する。 平成24年 問39 改題

6 宅地建物取引業者A社が，自ら売主として行う宅地（代金3,000万円）の売買に関して，A社は，宅地建物取引業者でない買主Cとの間で，割賦販売の契約を締結したが，Cが賦払金の支払いを遅延した。A社は20日の期間を定めて書面にて支払いを催告したが，Cがその期間内に賦払金を支払わなかったため，契約を解除した。これは，宅地建物取引業法の規定に違反する。 平成23年 問39

7 宅地建物取引業者A社が，自ら売主として行う宅地（代金3,000万円）の売買に関して，A社は，宅地建物取引業者でない買主Dとの間で，割賦販売の契約を締結し，引渡しを終えたが，Dは300万円しか支払わなかったため，宅地の所有権の登記をA社名義のままにしておいた。これは，宅地建物取引業法の規定に違反する。

平成23年 問39

解答

1 ×　買主が宅地建物取引業者である場合は，手付金等の保全措置を講じる必要はないので，宅地建物取引業法に違反しません。

2 ○　宅地の造成又は建築に関する工事の完了前の売買では，手付金等の額が，代金の額の５％以下，かつ，1,000万円以下であれば，例外として手付金等の保全措置を講じる必要はありません。

本問では，手付金100万円を受領する時点では，代金の５％以内なので保全措置を講じる必要はありません。

しかし，中間金500万円を受領する時点では，すでに受け取った手付金100万円との『合計額である600万円（５％を超えます）』について保全措置を講じた上でなければ，中間金を受け取ることはできません。

☞ **買主が宅地建物取引業者である場合に注意しましょう！**

3 ×　宅地建物取引業者が自ら売主となる場合，代金の額の２/10を超える手付金を受け取ることはできない。

手付金の保全措置を講じたとしても，代金の額の２/10を超える手付金を受け取ることはできない。

完成物件　3,000万円	～300万円以下	300万円超～600万円以下	600万超～
手付の額　2/10	受け取れる	受け取れる	超えた部分無効
手付金等保全措置　10%	不要	必要	必要

4 ×　宅地建物取引業者は，自ら売主となる建物の売買契約において，その目的物の契約不適合責任に関し，原則として，民法に規定するよりも買主に不利となる特約をすることはできません。ただし，種類又は品質に関する契約不適合責任について，買主が売主に不適合である旨**通知する期間**を目的物の**引渡しの日から２年以上**とする特約を定めることは可能です。

したがって，宅地建物取引業法の規定に違反しません。

5 ○　宅地建物取引業者は，自ら売主となる建物の売買契約において，その目的物の契約不適合責任に関し，原則として，民法に規定するよりも買主に不利となる特約をすることはできません。

民法の規定によれば，売主が種類・品質に関して契約の内容に適合しない目的物を買主に引渡した場合において，原則として，買主がその不適合を知った時から１年以内にその旨を売主に通知したときは，買主は，その不適合を理由として，履行の追完の請求，代金の減額の請求，損害賠償の請求及び契約の解除をすることができます。

「損害賠償請求はできるが，契約の解除をすることはできない」とする特約は，解除を認めない点で**民法の規定よりも買主に不利な特約**といえます。

したがって，宅地建物取引業法の規定に違反します。

☞ 契約不適合責任に関する重要ポイントは，受験生の間で差がつきやすいところです。しっかり準備しておきましょう。

6 ○ 割賦販売の契約について賦払金の支払いの義務が履行されない場合，自ら売主となる宅地建物取引業者が，**30日以上**の相当の期間を定めてその支払いを書面で催告し，その期間内にその義務が履行されないときでなければ，賦払金の支払いの遅滞を理由として，契約を解除することができません。20日の期間しか定めていない本問は，宅地建物取引業法の規定に違反します。

7 × 割賦販売の契約では，自ら売主となる宅地建物取引業者は，原則として，宅地・建物を買主に引き渡すまでに，登記その他引渡し以外の売主の義務を履行しなければなりません。しかし，**代金の額の10分の3**を超える額の金銭の支払いを受けるまでは，例外として登記を移転する必要はありません（所有権留保）。

本問では，代金の額の10分の1しか受領していないため，所有権留保をすることができます。

☞ 8種制限は，民法上の原則ルールを理解した上で，8種制限の特別ルールを比較整理するようにしましょう。丁寧に学習すれば必ず攻略できます。

報酬の規制（宅地建物取引業法）

★★★★★ 学習日 ／ ／ ／ ／

https://youtu.be/1VlznMYvx0o

本試験でよく出題される報酬の計算パターンは，ほんの少ししかありません。丁寧に1つずつ計算パターンを攻略して，速く正確に解けるようにしましょう。

サクッとおさらい！

▶ 貸借の報酬額の制限　基本ルール

貸借の媒介・代理（共通）	原則，１カ月分の賃料
一取引の報酬合計限度額	１カ月分の賃料

注意 貸借の報酬のルール

複数の宅建業者が依頼を受け共同して契約を成立させた場合でも，各宅建業者が受領できる報酬の限度総額は，**１人の宅建業者**に依頼した場合と**同じ**になります。

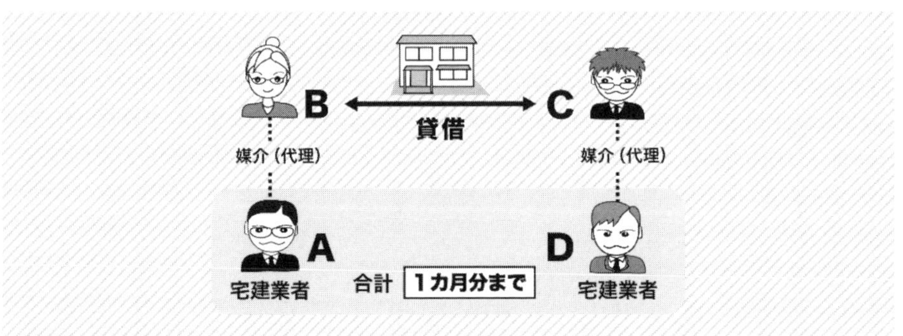

▶ 貸借の報酬額の制限で特別な場合

まず，**居住用建物**の賃貸借の**媒介**においては，依頼者の一方からもらえる上限額は賃貸借契約をする前に依頼者の承諾がない限り，賃貸人・賃借人それぞれから，１カ月の賃料の２分の１までとなります。

居住用建物**以外**の賃貸借（例　土地・店舗・事務所）の媒介・代理において，返還されない権利金等がある場合には，以下の①と②を比べて**高い方**の額が報酬の上限額となります。

①１カ月分の賃料
②権利金を売買代金と同じように扱って，計算をする。
}①の額と②の額を比べて，**高い方**の額が，報酬の上限額となる。

ただし，返還されるお金（例　保証金）の場合には，この計算は行わず，１カ月分の賃料となります。

	居住用建物	**居住用建物**以外（例　土地，店舗，事務所）
媒介	依頼者の事前の承諾がない限り，**賃貸人，賃借人それぞれ**から，借賃の２分の１カ月分ずつまで	借賃の１カ月分※
代理	借賃の１カ月分	借賃の１カ月分※

※権利金を基準に計算をして，高い方が上限額となる。

サクッと〇×チェック！

1 宅地建物取引業者Ａ（消費税課税事業者）は貸主Ｂから建物の貸借の媒介の依頼を受け，宅地建物取引業者Ｃ（消費税課税事業者）は借主Ｄから建物の貸借の媒介の依頼を受け，ＢとＤの間での賃貸借契約を成立させた。なお，１カ月分の借賃は９万円（消費税等相当額を含まない。）である。建物を店舗として貸借する場合，当該賃貸借契約において200万円の権利金（権利設定の対価として支払われる金銭であって返還されないものをいい，消費税等相当額を含まない。）の授受があるときは，Ａ及びＣが受領できる報酬の限度額の合計は220,000円である。 平成29年 問26

2 宅地建物取引業者Ａ（消費税課税事業者）は貸主Ｂから建物の貸借の媒介の依頼を受け，宅地建物取引業者Ｃ（消費税課税事業者）は借主Ｄから建物の貸借の媒介の依頼を受け，ＢとＤの間での賃貸借契約を成立させた。なお，１カ月分の借賃は９万円（消費税等相当額を含まない。）である。建物を居住用として貸借する場合，当該賃貸借契約において100万円の保証金（Ｄの退去時にＤに全額返還されるものとする。）の授受があるときは，Ａ及びＣが受領できる報酬の限度額の合計は110,000円である。
平成29年 問26

3 宅地建物取引業者Ａ社（消費税課税事業者）は貸主Ｂから事務所用建物の貸借の代理の依頼を受け，宅地建物取引業者Ｃ社（消費税課税事業者）は借主Ｄから媒介の依頼を受け，ＢとＤの間で１カ月分の借賃を20万円（消費税は含まない。）とする賃貸借契約を成立させた。この場合，本件賃貸借契約において300万円の権利金（返還されない金銭で，消費税は含まない。）の授受があるときは，Ａ社及びＣ社が受領できる報酬の額の合計は，220,000円以内である。 オリジナル

4 宅地建物取引業者Ａ及び宅地建物取引業者Ｂ（共に消費税課税事業者）が受領する報酬に関して，Ａが単独で行う居住用建物の貸借の媒介に関して，Ａが依頼者の一方から受けることができる報酬の上限額は，当該媒介の依頼者から報酬請求時までに承諾を得ている場合には，借賃の1.1カ月分である。
※なお，借賃には，消費税相当額を含まないものとする。 平成20年 問43

5 宅地建物取引業者Ａ及び宅地建物取引業者Ｂ（共に消費税課税事業者）が受領する報酬に関して，Ａが単独で行う事業用建物の貸借の媒介に関して，Ａが依頼者の双方から受ける報酬の合計額が借賃の1.1カ月分以内であれば，Ａは依頼者の双方からどのような割合で報酬を受けてもよい。
※なお，借賃には，消費税相当額を含まないものとする。 平成20年 問43

解答

1 ○ 居住用建物以外の貸借の場合で，**権利金**（権利設定の対価として支払われる金銭で返還されないもの）の授受があるときは，権利金を売買代金とみなして，報酬額の計算をすることができます。「200万円×５％×1.1×２＝220,000円」まで受領できます。

権利金を基準として計算した額（220,000円）の方が，１カ月の借賃を基準として計算した額（99,000円）より高くなるので，Ａ及びＣが受領できる報酬の限度額となります。

2 × 居住用建物の貸借では，たとえ権利金の授受があっても，これを基準に報酬額の計算をすることはできません。また，**保証金**は退去時に**全額返還されるもの**なので，報酬の限度額の算定に用いることができる**権利金**にあたりません。したがって，Ａ及びＣが受領できる報酬の限度額の合計は「90,000円×1.1＝99,000円」となります。

☞ 権利金と保証金の扱いの違いに注意しましょう。

3 × 問題文の事務所（居住用建物以外），権利金300万円に着目します。

① **１カ月分の賃料　＝20万円×1.1＝22万円**

② 権利金をもとに計算（売買代金と同じように計算する）

⇒ **権利金　300万円×４％＋２万円＝14万円**

代理Ａ　～28万円×1.1　媒介Ｃ　～14万円×1.1

Ａ＋Ｃ　～28万円×1.1＝30万8,000円

③ **①と②を比べて高い方（30万8,000円）**が上限となる。

4 × 居住用建物の賃貸借の媒介に関して依頼者の一方から受けることのできる報酬の額は，当該媒介の依頼を受けるにあたって当該依頼者の承諾を得ている場合を除き，借賃の１月分の0.55倍に相当する金額以内です。「**媒介の依頼を受けるにあたって**」承諾を得る必要があります。「**報酬請求時まで**」**ではありません**のでご注意ください。

報酬請求時まででよいならば，契約後報酬請求時まででもよいことになり，契約後に決めてもいいことになるのは何かおかしいのではないか，と考えてみましょう。

5 ○ 宅地・建物の貸借の媒介に関して依頼者の双方から受けることのできる報酬の額の合計額は，当該宅地・建物の借賃の１月分の1.1倍に相当する金額以内です。居住用の建物の賃貸借の媒介以外では，当事者双方から受け取る金額の内訳については規制されていません。

☞ 問題文を丁寧に読まないと，気がつきにくい落とし穴が用意されています。**4**は，時の流れ，状況の変化に，**5**は，建物が居住用か事業用かで扱いが異なる点に注意しましょう。

広告などの規制（宅地建物取引業法）

https://youtu.be/INReJydO_V4

★★★★★

学習日 ／ ／ ／ ／

時の流れに沿って状況の変化を理解し，重要ポイントを押さえると，少々難しい問題にも対処しやすくなります。流れ図を活用しましょう！

サクッとおさらい！

▶ 開発許可，建築確認など，許認可の申請中

広告・契約は禁止されます。

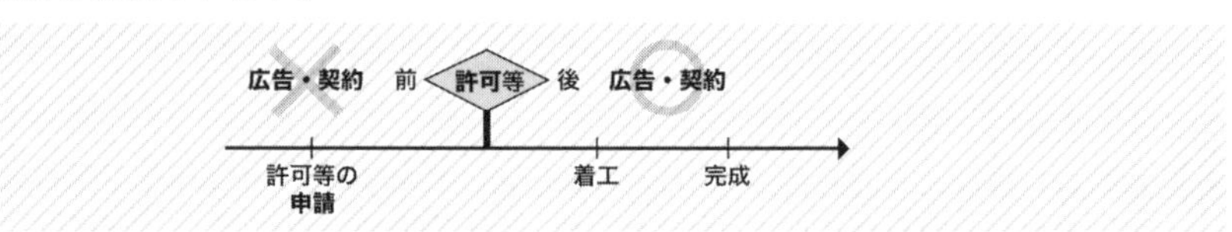

注意 貸借の契約（媒介・代理で関与）については，許可・確認前であっても，できます。

注意 自ら貸借

そもそも宅地建物取引業法のルールが適用されません（制限されません）。

▶ 広告開始時期の制限

	自ら	媒介	代理
売買	あり	あり	あり
交換	あり	あり	あり
貸借	―	あり	あり

▶ 契約の締結時期の制限　規制はあるか？

	自ら	媒介	代理
売買	あり	あり	あり
交換	あり	あり	あり
貸借	―	なし	なし

貸借の契約については，許可・確認前であっても，媒介・代理で関与できます。

サクッと○×チェック！

※以下，「建築確認」とは，建築基準法第６条第１項の確認をいうものとする。

1 宅地建物取引業者は，建築確認が必要とされる建物の建築に関する工事の完了前においては，建築確認を受けた後でなければ，当該建物の貸借の媒介をしてはならない。 平成27年 問37

2 宅地建物取引業者は，建築確認が必要とされる建物の建築に関する工事の完了前においては，建築確認を受けた後でなければ，当該建物の貸借の代理を行う旨の広告をしてはならない。 平成27年 問37

解答

1 × 宅地建物取引業者は，宅地造成・建物建築に関する工事の完了前においては，当該工事に関し必要とされる許可・確認等の処分があった後でなければ，当該工事に係る宅地・建物につき，その「売買」・「交換」の契約を締結し，又はその「売買」・「交換」の媒介・代理をしてはなりません。

しかし，貸借の「契約（媒介・代理で関与）」の締結については，規制されていません。

2 ○ 宅地建物取引業者は，宅地造成・建物建築に関する工事の完了前においては，当該工事に関し必要とされる許可・確認等の処分があった後でなければ，当該工事に係る宅地・建物の売買その他の業務に関する広告をしてはなりません。

たとえ，貸借（媒介・代理で関与）であっても，広告については制限されます。

☞ 未完成物件の広告や契約については，原則として，開発許可，建築確認などを得た後でなければ，行うことができません。

業務上の諸規制（宅地建物取引業法）

学習日 ／ ／ ／ ／

https://youtu.be/sOKSmNns9TQ
https://youtu.be/XHUL71lbiBs

本試験頻出のテーマについては，多少細かい部分の知識であっても正確に押さえましょう。従業者名簿と帳簿の扱いの違いに注意しましょう。表での整理がおススメです。

サクッとおさらい！

▶ 従業者名簿と帳簿

それぞれの事務所ごとに設置しなければなりません。

（!）注意 「主たる事務所に一括して」設置するのみでは，宅建業法違反。

	保存期間	閲覧義務 【Hint：見せてもいいのは？】
従業者名簿	10年（最終記載から）	あり
帳　簿	5年（閉鎖したときから） ☆自ら売主，新築住宅 ⇒ 10年	なし

～覚え方♪～
『従＝10〔ジュウ〕』
帳簿　5　自ら売主　新　住・10
ちょ～ご　みずから　しん　じゅ

GORO合わせシリーズ
従業者名簿
https://youtu.be/tSH-eSK63SA

帳簿
https://youtu.be/SQBsS0RlsvE

▶ 従業者証明書

従業者は，取引の関係者から請求があったときは，その携帯する従業者証明書を提示しなければなりません。

従業者証明書（宅建業者の従業者であることの証明書）と宅建取引士証（宅地建物取引士の資格者であることの証明書）は，別物です。宅地建物取引士証を提示しても，従業者証明書を提示したことにはなりません。従業者証明書は，社長，役員，パートタイム，アルバイトでも必要です。

▶ 宅建取引士証の提示義務

取引の関係者から請求があったときは，宅建取引士証を提示しなければなりません。**重要事項の説明**のときは，取引の関係者から請求がなくても，必ず，宅建取引士証を提示しなければなりません。

宅建取引士証の提示義務は，宅建取引士による口頭の説明の場合にあります。

重要事項説明書（35条書面）の交付については，宅建取引士が行う必要はないので，宅建取引士証の提示義務もありません。

なお，交付される重要事項説明書には，宅建取引士の記名が必要です。

重要事項の説明についてまとめると以下のようになります。

	書面交付	宅建取引士の説明	宅建士証の提示
買主・借主が宅建業者ではない	必要	必要	必要
買主・借主が宅建業者	必要	省略できる	不要

注意 37条書面を交付する場面における宅建取引士証の提示

37条書面を交付する場面では，請求がなければ，提示する必要はありません。

▶ 標識の記載事項

共通	免許証番号，免許の有効期間，商号・名称，代表者氏名，主たる事務所の所在地
代理・媒介	代理・媒介の別，売主業者の商号・名称，免許証番号（売主業者を明確に！）
専任の宅建取引士の設置義務がある場所	専任の宅建取引士の氏名
クーリング・オフの適用がある場所	その旨 例「この場所においてした契約等については，宅地建物取引業法第37条の２の規定によるクーリング・オフ制度の適用があります。」

▶ 不当な履行遅延の禁止（宅建業法44条：３つ限定）

宅建業法第44条では，「宅地建物取引業者は，その業務に関してなすべき宅地若しくは建物の**登記**若しくは**引渡し**又は取引に係る**対価**の支払を不当に遅延する行為をしてはならない」と定めています。

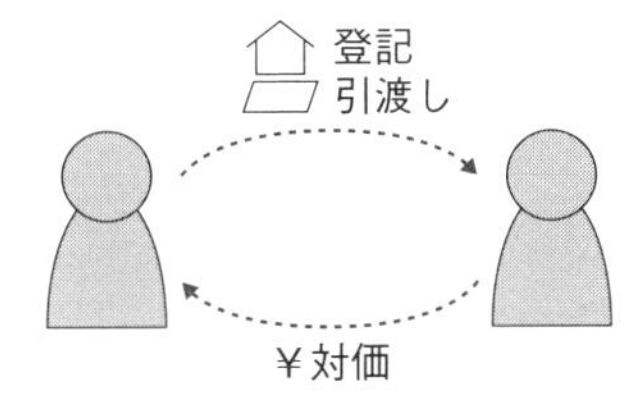

▶ 手付の貸与，分割払い等，手付についての信用の供与の禁止

宅建業者は，手付について，貸し付け，分割払いその他信用の供与をすることにより，契約の締結を誘引してはなりません。

禁止される「信用の供与」の具体例	手付の貸し付け，手付の分割払い
禁止されない具体例	手付金の減額 手付に関する金銭消費貸借のあっせん

(!)注意 この手付のルールは，宅建業者間の取引でも適用されます。

サクッと〇×チェック！

1 宅地建物取引業者は，その業務に関する帳簿を，各取引の終了後5年間，当該宅地建物取引業者が自ら売主となる新築住宅に係るものにあっては10年間，保存しなければならない。 令和元年 問40

2 宅地建物取引業者の従業者は，取引の関係者の請求があったときは，従業者証明書を提示しなければならないが，宅地建物取引士は，重要事項の説明をするときは，請求がなくても説明の相手方に対し，宅地建物取引士証を提示しなければならない。 令和元年 問40

3 宅地建物取引業者が，他の宅地建物取引業者が行う一団の宅地建物の分譲の代理又は媒介を，案内所を設置して行う場合で，その案内所が専任の宅地建物取引士を置くべき場所に該当しない場合は，当該案内所には，クーリング・オフ制度の適用がある旨を表示した標識を掲げなければならない。 平成26年 問41

4 宅地建物取引業者が，自ら売主となる宅地建物売買契約成立後，媒介を依頼した他の宅地建物取引業者へ報酬を支払うことを拒む行為は，不当な履行遅延（宅建業法第44条）に該当する。 平成26年 問41

5 宅地建物取引業者が行うマンションの販売に際して，買主が手付として必要な額を持ち合わせていなかったため，手付を分割受領することにより，契約の締結を誘引した場合は，宅地建物取引業法の規定に違反する。 令和3年（10月）問43

解答

1 ×　宅地建物取引業者は，帳簿を各事業年度の末日をもって閉鎖するものとし，閉鎖後5年間（当該宅地建物取引業者が自ら売主となる新築住宅に係るものにあっては，10年間）当該帳簿を保存しなければなりません。

「各取引の終了後」ではなく，**各事業年度の末日**が起算点となります。

2 ○　従業者証明書は，盲点になりやすいので注意しましょう。

宅地建物取引業者の従業者は，取引の関係者の請求があったときは，従業者証明書を提示しなければなりません。

また，宅地建物取引士は，重要事項の説明をするときは，請求がなくても，説明の相手方に対し，宅地建物取引士証を提示しなければなりません。

3 ○　宅地建物取引業者は，事務所等及び案内所などの事務所等以外のその業務を行う場所ごとに，公衆の見やすい場所に，標識を掲げなければなりません。

そして，その案内所が専任の宅地建物取引士を置くべき場所（契約を締結し，又は申込みを受ける場所）に該当しない場合は，当該案内所には，クーリング・オフ制度の適用がある旨を表示した標識を掲げなければなりません。

4 ×　宅建業者は，その業務に関してなすべき宅地・建物の**登記・引渡し**，又は，取引に係る**対価の支払い**を，不当に遅延する行為をしてはなりません。

この宅建業法44条の**不当な履行遅延の禁止**の対象は，売買等の契約当事者が相手方に対して行う登記・引渡し・対価の支払いの3つだけであり，媒介を依頼した他の宅地建物取引業者へ報酬を支払う行為は，これに該当しません。

☞ 「なんとなく知っている」と「正確に理解して身につけている」は，別次元。本試験でよく出題されるテーマは，何も見ないでも自分の言葉で説明できるくらいに「正確に理解して身につける」ことを目指しましょう。

3は，標識の記載事項。**4**は，宅建業法44条の不当な履行遅延の禁止。どちらも受験生で差がつきやすいテーマです。丁寧に押さえるようにしましょう。

5 ○　正しい。その通り。

★★★★★

監督処分（宅地建物取引業法）

みやざき塾
サクッと3分トレ!

学習日 ／ ／ ／ ／

https://youtu.be/lfqU190WyZk
https://youtu.be/1RXXQGskTcg

監督処分は，毎年出題されるテーマでありながら，受験生の準備不足が目立ちます。過去問題で出題されている範囲を中心に重要ポイントを整理しておきましょう！

サクッとおさらい！

▶ 指示処分（公告不要）

宅建業者が「宅建業法に違反した」ときや，「宅建業の業務に関し宅建業者として不適当と認められる」ときに，必要な指示をすることができます。指示処分がなされると，宅建業者名簿に，その年月日，内容が登載されます。指示処分に違反した場合，さらに業務停止処分の対象となります。

ワンポイント テクニックで解く

金額の数字部分がよくわからない場合，「○万円以下の罰金⇒○（金額の数字部分）は，たぶん正しい！」として解けば大丈夫です。今までの宅建本試験では，ほぼすべて正しい数字で出題されています。

▶ 宅建業者に対する監督処分をすることができる者

	免許権者	業務地管轄の知事
指示	○	○
業務停止	○	○
免許取消	○	×

▶ 大臣免許業者に対する監督処分（内閣総理大臣と事前協議する場合）

国土交通大臣が，国土交通大臣免許の業者に対して，消費者の保護のルールに関する違反を理由として，監督処分をする場合，あらかじめ，内閣総理大臣と協議しなければなりません。ここで，消費者の保護のルールに関する違反とは，重要事項の説明義務，37条書面の交付義務などをいいます。

注意 知事が監督処分　⇒　×（国土交通大臣が監督処分する場合のみ！）
遅滞なく，内閣総理大臣に通知　⇒　×（あらかじめ協議！）

ワンポイント 正しい内容を覚えましょう。毎回ひっかけパターンがよく出ます。

○正しい	×ひっかけ
国土交通大臣免許	都道府県知事免許
内閣総理大臣とあらかじめ協議	国土交通大臣とあらかじめ協議
あらかじめ	事後に
協議	通知

サクッと○×チェック！

1 宅地建物取引業者A（甲県知事免許）は，マンション管理業に関し，不正又は著しく不当な行為をしたとして，マンションの管理の適正化の推進に関する法律に基づき，国土交通大臣から業務の停止を命じられた。この場合，Aは，甲県知事から宅地建物取引業法に基づく指示処分を受けることがある。 平成29年 問29

2 宅地建物取引業者D（丙県知事免許）は，宅地建物取引業法第72条第1項に基づく丙県職員による事務所への立入検査を拒んだ。この場合，Dは，50万円以下の罰金に処せられることがある。 平成29年 問29

3 宅地建物取引業者A（甲県知事免許）に対する監督処分について，Aは，自らが売主となった分譲マンションの売買において，法第35条に規定する重要事項の説明を行わなかった。この場合，Aは，甲県知事から業務停止を命じられることがある。
平成28年 問26

4 宅地建物取引業者A（甲県知事免許）に対する監督処分について，Aは，自ら所有している物件について，直接賃借人Bと賃貸借契約を締結するに当たり，法第35条に規定する重要事項の説明を行わなかった。この場合，Aは，甲県知事から業務停止を命じられることがある。 平成28年 問26

5 宅地建物取引業法の規定に基づく監督処分等について，甲県に本店，乙県に支店を設置する宅地建物取引業者B（国土交通大臣免許）は，自ら売主となる乙県内におけるマンションの売買の業務に関し，乙県の支店において当該売買の契約を締結するに際して，代金の30%の手付金を受領した。この場合，Bは，甲県知事から著しく不当な行為をしたとして，業務停止の処分を受けることがある。 平成27年 問43

6 宅地建物取引業法の規定に基づく監督処分等について，宅地建物取引業者D（国土交通大臣免許）は，甲県内に所在する事務所について，業務に関する帳簿を備えていないことが判明した。この場合，Dは，甲県知事から必要な報告を求められ，かつ，指導を受けることがある。 平成27年 問43

解答

1 × 免許権者等は，「業務に関し他の法令に違反し，宅地建物取引業者として不適当であると認められるとき」は，当該宅地建物取引業者に対して，必要な指示をすることができます。ここでいう「業務」は宅地建物取引業の業務を指しますから，**マンション管理業務に関する法令違反等**があっても，これに該当しません。

2 ○ 都道府県知事は，当該都道府県の区域内で宅地建物取引業を営む者に対して，宅地建物取引業の適正な運営を確保するため必要があると認めるときは，その業務について必要な報告を求め，又はその職員に事務所その他その業務を行う場所に立ち入り，帳簿，書類その他業務に関係のある物件を検査させることができます。

そして，この事務所への立入検査を拒み，妨げ，又は忌避した者は，50万円以下の罰金に処せられることがあります。

☞ 宅地建物取引業法上の監督処分になるかどうかが問われていることに注意しましょう！

3 ○ 宅地建物取引業者は，自ら売主として宅地・建物の売買を行う場合には，重要事項の説明義務があります。この義務に違反した場合には，監督処分（指示処分・業務停止処分）の対象となります。したがって，Aは，免許権者である甲県知事から業務停止を命じられることがあります。

4 × **自ら貸借**は宅地建物取引業に該当しませんので，宅地建物取引業法の規定は適用されません。宅地建物取引業法上の重要事項の説明を行う義務はないので，業務停止を命じられることはありません。

☞ 監督処分の基本知識は盲点になりやすいので使いこなせるようトレーニングしましょう！

5 × 本問の甲県知事は，免許権者（大臣）でもなく，対象となる業務が行われた乙県の知事でもないので，業務停止処分を行うことはできません。

6 ○ 都道府県知事は，当該都道府県の区域内で宅地建物取引業を営む宅地建物取引業者に対して，その業務について必要な報告を求めることができます。また，宅地建物取引業の適正な運営を確保し，又は宅地建物取引業の健全な発達を図るため必要な指導，助言及び勧告をすることができます。

☞ 監督処分の問題は，出題パターンがある程度決まっているにもかかわらず，受験生が苦手にしやすいテーマです。宅建業法の学習がある程度進んだら，監督処分を丁寧に学習しましょう。**5**のTRAP（罠）を見抜けるかどうかが勝負。監督処分の問題では，誰が監督処分をすることができるか，特に注意して問題を解きましょう。

住宅瑕疵担保履行法（宅地建物取引業法関連法令）

https://youtu.be/3ixqPAjBgAs

学習日 ／ ／ ／ ／

毎年１問出題される住宅瑕疵担保履行法。本試験の出題ポイントを正確に押さえておきましょう！

サクッとおさらい！

▶ 売主が宅建業者，買主が宅建業者でない場合（情報格差アリ！）

資力確保の措置が必要です。

▶ 売主が宅建業者，買主が宅建業者の場合（プロ同士）

資力確保の措置は不要です。

▶ 保証金の供託

宅建業者は，**基準日（毎年３月31日）から３週間を経過する日まで**の間において，**基準日までに自ら『売主』**となる売買契約に基づいて買主に引き渡した**『新築住宅』**について，保証金の供託をしていなければなりません。

注意 対象は，基準日前10年間に引き渡した新築住宅です。

注意 供託金額

引き渡した合計戸数によって段階的に決まります。

> 例 1戸＝2,000万円，10戸＝3,800万円，100戸＝1億円，1,000戸＝1億8,000万円

重要 床面積が55m²以下

2戸をもって1戸と扱います。

GORO合わせシリーズ
GO！ GO！ にこっ，イチ！
https://youtu.be/_T5h08AWyzA

サクッと○×チェック！

1 特定住宅瑕疵担保責任の履行の確保等に関する法律において，宅地建物取引業者Aが自ら売主として，宅地建物取引業者でない買主Bに新築住宅を販売する場合について，Bが建設業者である場合，Aは，Bに引渡した新築住宅について，住宅販売瑕疵担保保証金の供託又は住宅販売瑕疵担保責任保険契約の締結を行う義務を負わない。 平成25年 問45

2 特定住宅瑕疵担保責任の履行の確保等に関する法律において，宅地建物取引業者Aが自ら売主として，宅地建物取引業者でない買主Bに新築住宅を販売する場合について，Aが住宅販売瑕疵担保保証金を供託する場合，当該住宅の床面積が55m²以下であるときは，新築住宅の合計戸数の算定にあたって，2戸をもって1戸と数えることになる。 平成25年 問45

解答

1 × 自ら売主として，宅地建物取引業者でない買主に対して新築住宅の売買を行う宅地建物取引業者は，資力確保措置を講じなければなりません。

したがって，**買主が建設業者（宅建業者ではない）**であっても，住宅販売瑕疵担保保証金の供託又は住宅販売瑕疵担保責任保険契約の締結のいずれかの資力確保措置を講じる義務を負います。

2 ○ 新築住宅を引き渡した宅地建物取引業者が住宅販売瑕疵担保保証金を供託する場合，当該住宅の**床面積が55m²以下**であるときは，新築住宅の合計戸数の算定にあたって，**2戸をもって1戸**と数えます。

☞ 宅建業者と建設業者は異なるので，区別して問題を解きましょう。

CHAPTER 5

5問免除

学習管理表				
	1回目	2回目	3回目	4回目
01	/	/	/	/
02	/	/	/	/
03	/	/	/	/
04	/	/	/	/

住宅金融支援機構（住宅金融支援機構法）

https://youtu.be/tGJ7tMd0-ag

★★★★★ 学習日 ／ ／ ／ ／

住宅金融支援機構の仕組みを理解した方がラクに攻略できますので，YouTube宅建みやざき塾の動画講義や住宅金融支援機構のホームページを活用してみてください。
住宅金融支援機構のホームページ　https://www.jhf.go.jp/index.html

サクッとおさらい！

▶ 直接融資業務（しっかり押さえて必ず得点！）

住宅金融支援機構では，住宅資金の直接融資は，原則として行っておりません。一般金融機関による融通が困難な分野についてのみ，**例外的**に**直接融資**を行います。

①**災害復興**建築物の建設，購入（購入に**付随**する土地・借地権の取得，当該災害復興建築物の**改良**を含む）又は**被災**建築物の**補修**に必要な資金の貸付け

②**災害予防**代替建築物の建設，購入（購入に**付随**する当該災害予防代替建築物の**改良**を含む）若しくは**災害予防**移転建築物の移転に必要な資金，**災害予防**関連工事に必要な資金又は地震に対する安全性の向上を主たる目的とする住宅の**改良**に必要な資金の貸付け
　災害復興建築物等　⇒　**返済の据置期間**を設けることができる。

③**合理的土地利用**建築物の建設若しくは合理的土地利用建築物で**人の居住の用その他その本来の用途に供したことのないもの**の購入に必要な資金，**マンションの共用部分**の改良に必要な資金の貸付け

④**子どもを育成**する家庭若しくは**高齢者**の家庭に適した良好な居住性能及び居住環境を有する**賃貸住宅**若しくは賃貸の用に供する住宅部分が大部分を占める建築物の建設に必要な資金又は当該賃貸住宅の**改良**に必要な資金の貸付け

⑤**高齢者**の家庭に適した良好な居住性能及び居住環境を有する住宅とすることを主たる目的とする住宅の**改良**に必要な資金，又は高齢者の居住の安定確保に関する法律第７条に規定する**登録住宅（賃貸住宅に限る）**とすることを主たる目的とする人の居住の用に供したことのある住宅の購入に必要な資金の貸付け

注意 借入金の元金について，**高齢者本人**の死亡時に一括して償還できる制度
リバースモーゲージ…月々の支払いは利息のみ。死亡時に一括して返済する。
直接融資　⇒　○（死亡時一括返済制度を利用できる）
証券化支援事業（買取型）　⇒　×（死亡時一括返済制度を利用できない）
証券化支援事業（保証型）　⇒　×（死亡時一括返済制度を利用できない）

⑥**阪神・淡路大震災**に対処するための特別の財政援助及び助成に関する法律，**東日本大震災**に対処するための特別の財政援助及び助成に関する法律，**福島復興**再生特別措置法の規定による貸付けを行うこと

⑦**勤労者財産形成**促進法の規定による貸付け（**財形**持家融資制度の直接融資）を行うこと

⑧中小企業退職金共済法の委託に基づき，**勤労者財産形成**促進法に掲げる業務（**財形**持家融資制度の転貸融資）の一部を行うこと

サクッと○×チェック！

1 独立行政法人住宅金融支援機構は，証券化支援事業（買取型）において，債務者又は債務者の親族が居住する住宅のみならず，賃貸住宅の建設又は購入に必要な資金の貸付けに係る金融機関の貸付債権についても譲受けの対象としている。

平成28年 問46

2 独立行政法人住宅金融支援機構は，マンション管理組合や区分所有者に対するマンション共用部分の改良に必要な資金の貸付けを業務として行っている。

平成28年 問46

解答

1 ×　機構が証券化支援事業（買取型）により譲り受ける貸付債権は，自ら居住する住宅又は自ら居住する住宅以外の親族の居住の用に供する住宅を建設し，又は購入する者に対する貸付けに係るものである必要があります。

賃貸住宅の建設や購入に必要な資金の貸付債権は，対象とはなりません。

2 ○　機構は，マンションの共用部分の改良に必要な資金の貸付けを行います。この場合，マンション管理組合や区分所有者に貸付けを行います。

☞ **1を解く考え方として，住宅金融支援機構は住宅購入等に関する資金力のない者をサポートするための制度なので，不動産投資の対象となる賃貸住宅の建設又は購入に必要な資金の貸付けは対象としていないのではないか，と考えましょう。**

2直接融資の例外は，どのような場合に認められるのか？　一度は整理しておきましょう。

登録講習を修了していると，50問の中の５問分が全問正解として採点される５問免除という制度があります。この講習を受けていない場合，問46～問50の対策をする必要があります。住宅金融支援機構法１問，景品表示法１問，統計に関する問題１問，土地に関する問題１問，建物に関する問題１問です。統計等は最新のものである必要があるので，最後に対策すべき分野とも言えます。

景品表示法

★★★★★　学習日 ／ ／ ／ ／

https://youtu.be/1hs19iCx14g

不当景品類及び不当表示防止法については，過去に本試験の出題実績のある事項を中心に学習を進めましょう。具体的にどのような場面なのか，イメージをもって理解できるのが理想です。

サクッとおさらい！

▶ 宅建試験で狙われる厳選重要ポイント（これだけは必ず！）

取引態様	「売主」，「貸主」，「代理」又は「媒介（仲介）」の別を表示。
新築	①　建築後1年未満であって， ②　居住の用に供されたことがないもの。
「新設予定」の駅・停留場・停留所	運行主体が公表したものに限り，新設予定時期を明示して，表示できる。
徒歩による所要時間	「道路距離」「80mにつき1分間」 ※1分未満は1分として算出。例　200m÷80m＝2.5⇒3分
新築分譲マンションの専有面積	最小面積及び最大面積のみで表示できる。 ※例外：パンフレット等の媒体
建物を改装・改築したことを表示する場合	改装・改築の内容及び時期を明示。 !注意　**表示する義務は，ありません！** ※任意で表示する場合には，明示が必要。
宅地・建物の「見取図・完成図・完成予想図」	その旨を明示。 ※当該物件の周囲の状況について表示するときは，現況に反する表示をしない。
学校，病院，官公署，公園その他の公共・公益施設	ア　現に利用できるもの イ　物件までの道路距離または徒歩所要時間 ウ　その施設の名称を表示
デパート，スーパーマーケット，商店等の商業施設	現に利用できるものを，物件までの道路距離を明示して表示すること。
将来確実に利用できると認められる（例　工事中）	整備予定時期を明示して表示できる。

▶ 価格・賃料等

「新築分譲住宅・新築分譲マンションの価格」すべての価格を示すことが困難であるとき	① 1戸当たりの最低価格，最高価格 ② 最多価格帯とその価格帯に属する戸数を表示。
「新築賃貸マンションの賃料」すべての住戸の賃料を表示することが困難である場合	1住戸当たりの最低賃料及び最高賃料を表示する。

重要 管理費とは？

マンションの事務を処理し，設備その他共用部分の維持及び管理をするために必要とされる費用をいい，共用部分の公租公課等を含み，修繕積立金を含まない。

サクッと〇×チェック！

1 路地状部分のみで道路に接する土地を取引する場合は，その路地状部分の面積が当該土地面積の50％以上を占めていなければ，路地状部分を含む旨及び路地状部分の割合又は面積を明示せずに表示してもよい。 平成22年 問47

2 傾斜地を含むことにより当該土地の有効な利用が著しく阻害される場合は，原則として，傾斜地を含む旨及び傾斜地の割合又は面積を明示しなければならないが，マンションについては，これを明示せずに表示してもよい。 平成22年 問47

解答

1 × 路地状部分のみで道路に接する土地であって，その部分の面積が当該土地面積のおおむね**30％以上**を占めるときは，路地状部分を含む旨及び路地状部分の割合又は面積を明示しなければなりません。

2 ○ 傾斜地を含むことによって当該土地の**有効な利用が著しく阻害される**場合（傾斜地の割合が**30％以上**の場合も同様）は，傾斜地を含む旨，傾斜地の割合又は面積を明示しなければなりません。

しかし，**マンション・別荘地等**については，明示する必要がありません。

☞ **1**路地状部分，**2**傾斜地のマンションを具体的にイメージして考えるとよい。戸建て住宅と異なり，マンションは傾斜地にあるデメリットがほとんどないことに気がつけば合格。

土地

★★★★★

学習日 ／ ／ ／ ／

https://youtu.be/A5i9exnLtOs
https://youtu.be/a4Z4JK0IYGA

台地と低地の違い，埋立地と干拓地の違い等は，絵（イメージ）で理解しておきましょう。

土地については，インターネットで検索（画像検索）してみるのもおススメです。

サクッとおさらい！

▶ 台地（安全だよ！）

台地というのは，表面が比較的平らで，周囲より一段高い地形のことです。

一般に，地盤は安定しており，自然災害に対する安全度が高いとされています。

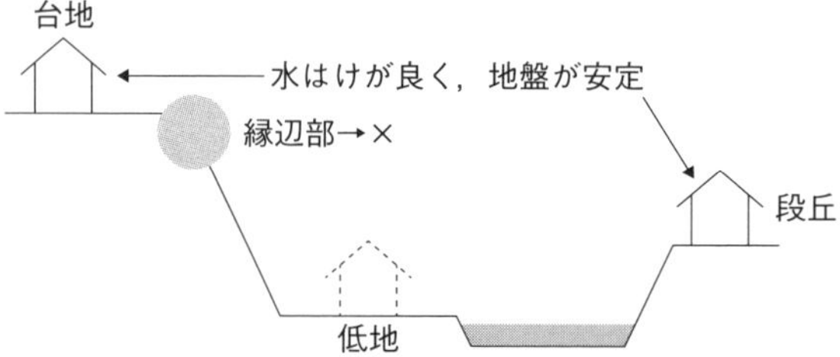

▶ 埋立て地と干拓地（水害に対しての安全性　埋立地＞干拓地）

埋立地は大量の土砂を積み上げてつくられた陸地です。

干拓地は，水面や湿地を堤防などで仕切り，内側の水を抜いてつくられた陸地のことです。

埋立地は，一般に海面に対して数メートルの比高（高度差）を持ちますので，海面よりも低いことも多い干拓地に比べると，水害に対して安全です。

▶ 液状化現象（よくニュースになる！　どんな土地が危ない??）

・**液状化現象**は，比較的粒径のそろった砂地盤で，**地下水位の高い**，**地表から浅い**地域で**発生しやすい**。
・丘陵地帯で地下水位が深く，固結した砂質土で形成された地盤の場合，地震時は液状化する可能性が低い。
・台地や段丘上の浅い谷に見られる小さな池沼を埋め立てた所では，地震の際に液状化が生じる可能性がある。
・旧河道や低湿地，海浜の埋立地では，地震による地盤の液状化対策が必要である。

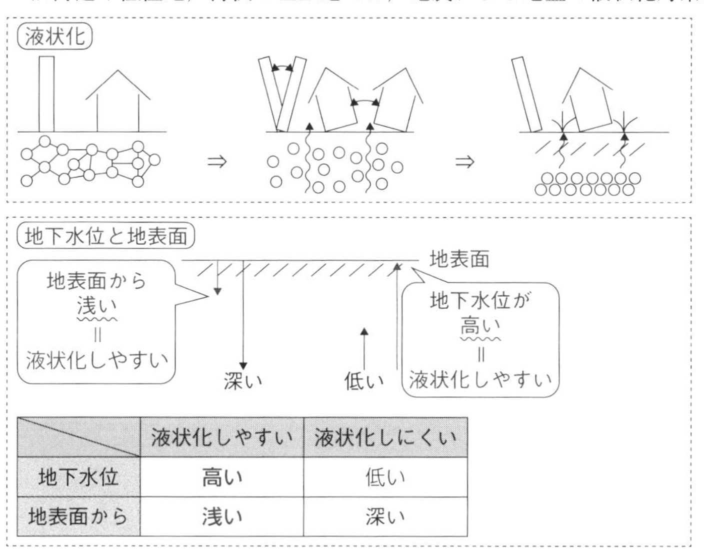

	液状化しやすい	液状化しにくい
地下水位	高い	低い
地表面から	浅い	深い

サクッと〇×チェック！

1 台地は，一般に地盤が安定しており，低地に比べ，自然災害に対して安全度は高い。 平成29年 問49

2 埋立地は，一般に海面に対して比高を持ち，干拓地に比べ，水害に対して危険である。 平成29年 問49

解答

1 ○ その通り。

2 × **埋立地**は，大量の土砂を積み上げてつくられた陸地のことです。干拓地に比べ安全です。

建物

★★★★☆ 学習日 ／ ／ ／ ／

https://youtu.be/UOpssPd3VXM

建物は絵，写真で学ぶのがおススメです。絵や写真が豊富なテキストやインターネット検索（画像検索）を活用して，イメージで理解することを大切にしましょう。学ぶことが楽しくなれば，学力はグングン伸びていきます。

サクッとおさらい！

▶ コンクリート・鉄の重要ポイント

- コンクリートは，打上がりが均質で密実（密度の高い状態）になり，かつ，必要な強度が得られるようにその調合を定めなければならない。
- 鉄筋コンクリート造に使用される骨材，水及び混和材料は，鉄筋をさびさせ，又はコンクリートの凝結及び硬化を妨げるような酸，塩，有機物又は泥土を含んではならない。
- 鉄は，炭素含有量が多いほど，引張強さ及び硬さが増大し，伸びが減少するため，鉄骨造には，一般に炭素含有量が少ない鋼が用いられる。
- 常温常圧において，**鉄筋と普通コンクリート**を比較すると，**温度上昇に伴う体積の膨張の程度（熱膨張率）**は，**ほぼ等しい**。
- **コンクリートの引張強度**は，一般に圧縮強度の10分の１程度である（弱い）。

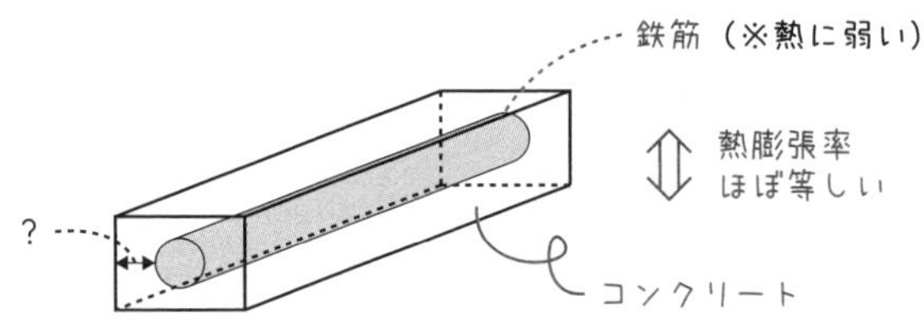

注意 コンクリートは，圧縮に強く，引張りに弱い。

	鉄筋	コンクリート
引張力	強	弱
圧縮力	弱	強

サクッと〇×チェック！

1 木材の強度は，含水率が小さい状態の方が低くなる。 平成29年 問50

2 常温，常圧において，鉄筋と普通コンクリートを比較すると，熱膨張率はほぼ等しい。 平成29年 問50

解答

1 × 木材の強度は，含水率が小さい状態の方が大きくなります。

2 ○ 常温，常圧では，鉄筋とコンクリートの熱膨張係数はほぼ等しくなっています。

ですから，通常の温度変化ではひび等が入りにくくなっており，鉄筋コンクリート構造が成り立つのです。

☞ **1**極端な例で考えると，考えやすくなります。水分０％の木材と水分100％の木材，どちらの強度がより大きいのでしょうか？　当然，水分０％の木材と判断できるかと思います。
2鉄とコンクリートは相性バツグン！　相互補完的な関係にあります。

ワンポイント 統計について

毎年９月頃，最新版統計受験対策動画講義を公開しております。統計の問題は，その受験する年の春ごろに公表される統計をもとに出題されます。過去の本試験問題で出題された数値がそのまま出題されることはありません。学習をする際は以下を意識しましょう。

①増えた。減った。にまず着目しましょう！
②本試験で問われたことのあるテーマについて，数値部分を押さえましょう！
③ゴロ合わせも活用して，楽しく，無理なく身につけてしまいましょう！

注意 あまり情報を広げすぎないようにすることも大切です。

YouTube宅建みやざき塾の動画講義をぜひ活用してください！

統計資料の御案内
STORES宅建みやざき塾にて，９月頃最新版統計資料を提供予定（無償PDF）です。
https://miyazakijuku.stores.jp/

【著者紹介】

宮嵜晋矢（みやざき　しんや）

2003年より宅建講師をスタート（LEC東京リーガルマインド）。現在，日建学院講師。『本気で宅建試験合格を目指す方が確実に合格できる環境を提供する』ため，宅建みやざき塾開塾。高得点合格者を毎年多数誕生させ，バツグンの合格実績を誇る。2012年より多くの宅建受験生の合格を応援させていただきたいとの熱い思いから，『YouTube宅建みやざき塾』無料公開。わずか数カ月でYouTube宅建動画視聴数No.1となる。再生回数は1,000万回超，チャンネル登録人数は７万名様。宅建士試験業界では誰もが知るカリスマ的存在である。

【宅建みやざき塾SNS・商品販売サイト等】
YouTube　⇒　宅建みやざき塾（YouTube）
サクッと３分トレ！毎日連載公開！
Twitter　⇒　@takken_miyazaki
商品販売　⇒　STORES（ストアーズ）宅建みやざき塾　★無料教材も豊富です♪

本書に関するお問い合わせは，メール（info@chuokeizai.co.jp）もしくは文書でお願いいたします。大変申し訳ございませんが，お電話によるお問い合わせ，本書の内容以外へのお問い合わせはお受けできません。なお，回答までに時間を要する場合もございます。何卒ご了承ください。

宅建みやざき塾のサクッと３分トレ！
動画⇒図表⇒出る問でマスター

2023年６月25日　第１刷発行

著　者　宮　嵜　晋　矢
発行者　山　本　継
発行所　㈱　中　央　経　済　社
発売元　㈱中央経済グループパブリッシング

〒101-0051　東京都千代田区神田神保町1-35
電話　03（3293）3371（編集代表）
03（3293）3381（営業代表）
https://www.chuokeizai.co.jp
印刷／昭和情報プロセス㈱
製本／㈲ 井 上 製 本 所

＊頁の「欠落」や「順序違い」などがありましたらお取り替えいたしますので発売元までご送付ください。（送料小社負担）

ISBN978-4-502-46471-3　C2032